Das aktuelle

# Nachrichtenmagazin

für engagierte Christen

Hintergründe
Fakten

Trends
Meinungen

**idea e.V.**
Postfach 1820
35528 Wetzlar

E-Mail: vertrieb@idea.de
Internet: www.idea.de

Thomas Schirrmacher

# Scham- oder Schuldgefühl?

Das folgende Buch ist ein Vorabdruck eines Bandes der "Komplementären Dogmatik" des Verfassers, der im Herbst in den Verlagen VTR (Nürnberg) und RVB (Hamburg) überarbeitet erscheint. Eine gekürzte Fassung wird zugleich in dem vom Verfasser zusammen mit Prof. Dr. Klaus W. Müller zum Jahresende herausgegebenen Band der edition afem "Scham und Schuld in der neueren Forschung" in den Verlagen VTR (Nürnberg) und VKW (Bonn) erscheinen. Dieser Sammelband wird an einer Vertiefung Interessierten empfohlen.

# idea-Dokumentation 8/2005

zugleich

## Theologisches Lehr- und Studienmaterial
Band 20

**Thomas Schirrmacher**

# Schuld- oder Schamgefühl ?

Die christliche Botschaft angesichts von schuld- oder schamorientierten Gewissen und Kulturen

Mit einem Vorwort von Ulrich Eibach

Verlag für Kultur und Wissenschaft
Culture and Science Publication
Bonn 2005

Die Deutsche Bibliothek – CIP

**Bibliografische Information Der Deutschen Bibliothek**
Die Deutsche Bibliothek verzeichnet diese Publikation in der Deutschen Nationalbibliografie; detaillierte bibliografische Daten sind im Internet über http://dnb.ddb.de abrufbar.
**Bibliographic information published by Die Deutsche Bibliothek**
Die Deutsche Bibliothek lists this publication in the Deutsche Nationalbibliografie;detailed bibliographic data is available in the Internet at http://dnb.ddb.de.

ideaSpektrum, Pf 1820, 35528 Wetzlar
www.idea.de

MBS, Friedrichstr. 38, 53111 Bonn
www.bucer.de

**ISBN 3-938116-06-4**
**ISSN 1436-0292**
**(Theologisches Lehr- und Studienmaterial)**

Printed in Germany
Umschlaggestaltung und Gesamtherstellung:
BoD Verlagsservice Beese, Friedensallee 76,
22765 Hamburg
www.rvbeese.de / christian@rvbeese.de

Verlag für Kultur und Wissenschaft
(Culture and Science Publ.)
Friedrichstr. 38, 53111 Bonn
Fax 0228/9650389
www.vkwonline.de / info@bucer.de

Verlagsauslieferung:
Hänssler Verlag
71087 Holzgerlingen, Tel. 07031/7414-177 Fax -119
www.haenssler.de / info@haenssler.de

# Inhalt

# Vorwort

Die Theologie – so stellt Thomas Schirrmacher zu Recht fest – hat dem Unterschied zwischen primär schamorientierten und primär schuldorientierten Kulturen bisher kaum zureichende Aufmerksamkeit geschenkt. In der neuprotestantischen Theologie und Ethik hängt das nicht zuletzt mit der Orientierung am Philosophen *Immanuel Kant* zusammen, in dessen an der Vernunft und der von ihr erkannten sittlichen Normen orientierten Ethik *Gefühle* keinen Platz haben. Lediglich phänomenologisch orientierte Philosophen wie Max Scheler und Paul Ricoeur haben sich näher mit der Scham befaßt. Sicher hängt die Konzentration der Theologie auf die Schuldthematik auch mit der einseitigen Betonung der Schuld in der abendländischen, vor allem der mittelalterlichen Theologie zusammen.

In der Entwicklungspsychologie ist die Bedeutung der Scham in der kindlichen Entwicklung wie auch dem Leben von Erwachsenen vor allem seit Sigmund Freud gesehen und herausgestellt worden. Mitbedingt durch diese psychologische Sicht haben Kulturanthropologen die Unterschiede zwischen primär schamorientierten und primär schuldorientierten Kulturen und Religionen herausgestellt. Da die überwiegende Zahl der Kulturen in Asien, Afrika, Lateinamerika primär schamorientiert sind, sind auch christliche Missionare auf die Problematik gestoßen. Gerade die von der abendländischen Tradition geprägten Missionare evangelikal orientierter Missionsgesellschaften mußten sich fragen, wie sie eine primär schuldorientierte christliche Botschaft in den primär schamorientierten Kulturen vermitteln konnten. Diese führte auch zu der Frage, ob die biblische Botschaft wirklich so primär schuldorientiert ist, wie es gemäß der abendländischen Tradition den Anschein hat. Manche meinen nun, daß in der Bibel die Orientierung an der Scham sogar stärker ist als die an der Schuld.

Es ist ein Verdienst der vorliegenden Arbeit von Thomas Schirrmacher, daß er über diese nicht nur für die Missionstheologie und die missionarische Tätigkeit, sondern auch die Religionspädagogik, die Ethik und die Seelsorge wichtige Thematik aus kulturanthropologischer und theologischer Sicht informiert und zeigt, daß eine Entgegensetzung von Scham- und Schuldorientierung der biblischen Botschaft, aber auch der Tradition der abendländischen und der Kirchen reformatorischen Ursprungs nicht entspricht, daß der Aspekt der Scham hier immer auch bedacht und integriert ist. Die Arbeit fordert aber insbesondere dazu heraus, die unbestreitbaren Unterschiede zwischen primär schamorientierten und primär schuldorientierten Kulturen in ihrer Bedeutung für die christliche Lehre von der Sünde und der Versöhnung mit Gott durch Christus näher zu bearbeiten. Gerade wenn man den Kern der biblischen Sicht der Sünde nicht in der einzelnen Verfehlung gegenüber einer moralischen Norm, der Tatsünde sieht, sondern im Unglauben, also der falschen Grundausrichtung des Lebens und der ihr entsprechenden Verfehlung der göttlichen Bestimmung des Menschenlebens, Gott zu vertrauen, ihm die Ehre zu geben und ihn von ganzen Herzen zu lieben und den Nächsten wie sich selbst, dann erschließt sich die Scham als eine wesentliche Dimension der Sünde und der Sündenerkenntnis und die Beschämung als ein wichtiger Aspekt des Ehrlichwerdens vor Gott und damit auch des göttlichen Gerichts.

Bonn, den 26. Mai 2005
Prof. Dr. Ulrich Eibach
Professor für Systematische Theologie, Bonn

# 1. VORBEMERKUNG

In jüngster Zeit sind zwei umfassendere Untersuchungen zur Thematik der Scham- und Schuldorientierung von Kulturen und Gewissen aus evangelikaler missiologischer Feder erschienen, die Magisterarbeit von Martin Lomen[1] und die von uns verlegte Dissertation von Hannes Wiher[2]. Beiden geht es um die Frage, wie das christliche Evangelium in schamorientierten Gesellschaften verkündigt werden kann. Das die Dissertation von Wiher 2005 den George-W.-Peters-Preis erhielt, beweist das wachsende Interesse an dieser Frage.

Lomen und Wiher kommen zu dem Schluß, daß sich in der Bibel Schuld- und Schamorientierung die Waage halten (bes. Lomen 157-160; Wiher, Shame 280+342+215). Die überwiegende Schuldorientierung der westlichen Christenheit halten beide für eine Fehlentwicklung. Diese Sichtweise wird nicht das erste Mal vertreten[3], findet sich hier aber gut zusammengefaßt, und wird bei Wiher in einer akademischen Breite und bei Lomen in einer ethno-hermeneutischen Tiefe diskutiert, wie es bisher noch nicht geschah.

Diese Thematik beschäftigt mich selbst seit vielen Jahren. Hier kreuzen sich nämlich meine drei Fachgebiete, in denen ich jeweils promoviert habe. Als Missionswissenschaftler ist die Frage von zentraler Bedeutung, wie das Evangelium in Kulturen mit völlig anderem Rechtsempfinden verkündigt werden kann. Als Kulturanthropologe ist mir die Unterscheidung von Scham- und Schuldorientierung theoretisch und praktisch vertraut und es stellt sich die Frage, welche konkreten Konsequenzen dies für Gesellschaft und Theologie hat. Als Systematiker schließlich ergibt sich daraus die Frage, inwieweit die biblische Botschaft und Lehre selbst denn eher in die eine oder andere Richtung tendiert, eine wichtige Frage, die geklärt werden muß, wenn wir nicht unsere jeweilige Dogmatik mit der biblischen Botschaft verwechseln wollen und nicht in die Gefahr kommen wollen, unsere kulturelle

Orientierung zur Norm für Christen anderer Kulturen zu erheben.

## 2. KLASSISCHE POSITIONEN IN DER KULTURANTHROPOLOGIE

Ich möchte zu Beginn die Unterscheidung von Scham- und Schuldorientierung mit den Worten von klassischen Vertretern aus der Islamwissenschaft, der Kulturanthropologie und der Psychologie (Psychoanalyse) darstellen und zwar bewußt mit einigen längeren Zitaten, die für sich selbst sprechen.

### Christine Schirrmacher aus islamwissenschaftlicher Sicht

Christine Schirrmacher hat – unter besonderer Berücksichtigung der islamischen Volkskultur – die Unterscheidung zwischen Scham- und Schuldorientierung an praktischen Beispielen gut erläutert:

„Wer die ungeschriebenen gesellschaftlichen Regeln der islamischen Welt und insbesondere das Verhalten der Geschlechter zueinander verstehen möchte, ihre Grenzen und Handlungsspielräume, die Reaktionen des Umfeldes und die Gesetze, die das Zusammenleben ermöglichen, muß sich mit einigen Grundlagen der 'schamorientierten' bzw. 'schuldorientierten' Kulturen bzw. der Auffassung von 'Ehre und Schande' im Kontext des Nahen Ostens vertraut machen.

‚Wenn man - etwas verallgemeinernd - davon ausgeht, daß in der westlichen Welt eine Schuldorientierung überwiegt, so versteht man darunter, daß ein Vorfall in dem Moment als Schuld wahrgenommen wird, in dem er geschieht. Reinigung von Schuld geschieht durch Schuldgeständnisse und, wenn möglich, Wiedergutmachung. Eine direkte Konfrontation zwischen Täter und Opfer ist möglich, ja wird im Konfliktfall gewünscht und zur Austragung, aber auch Beendigung des Konflikts herbeigeführt: Wer seinen Wagen mit dem Auto des Nachbarn kollidieren läßt, fühlt sich im Moment des Geschehens schuldig (selbst wenn er anschließend Fahrerflucht begeht). Das Geschehen an sich verursacht Schuldgefühle, unabhängig von der Beziehung zum Nachbarn unabhängig davon, ob das Auto alt oder neu war und der Nachbar Zeuge des Unfalls oder nicht. Eine Bereinigung der Angelegenheit erfolgt durch das Bekenntnis des Unfallverursachers, eventuell eine Entschuldigung und eine Wiedergutmachung (Aufkommen für den Schaden).

In einer schamorientierten Kultur spielt weniger der Vorgang an sich eine Rolle, sondern vielmehr die Frage, in welcher Beziehung Täter und Opfer zueinander stehen und wie das Gesicht vor dem anderen gewahrt werden kann. Wird ein Gebot übertreten, das eine Beziehung zwischen Menschen in Mitleidenschaft zieht, steht die Versöhnung im Mittelpunkt, nicht das Vergehen an sich. Von der Qualität der beiderseitigen Beziehung wird abhängen, wie über den oben erwähnten Unfall gesprochen und verhandelt wird. Steht der Nachbar in der Schuldigkeit des Unfallverursachers, wird er das Geschehen herunterspielen, womöglich auf die Wertlosigkeit des Wagens und die Unübersichtlichkeit der Straße verweisen, ja u. U. nicht einmal zulassen, daß der Unfallverursacher Schadensersatz leistet. Damit ist das ‚Geben' und ‚Nehmen' zwischen beiden Nachbarn wieder ausgeglichen. Ja, das Opfer mag froh sein, daß ihm eine Gelegenheit geboten wurde, seine Schuldigkeit bei seinem Nachbarn abzutragen. Eine Schuldreinigung oder ein Schuldausgleich wird also unter Vernachlässigung des Vorfalls durch eine - eventuell schon vorab geleistete - entgegengesetzte gute Tat möglich.

War der Unfallverursacher dem Nachbarn jedoch bereits etwas schuldig, kann dieser den Vorfall wie einen persönlichen Angriff behandeln, überhöhte Schadensersatzforderungen stellen und die Beziehung u. U. für längere Zeit ‚auf Eis' legen, bis sich eine Gelegenheit zur Versöhnung bietet. Bei einem religiösen Fest wie dem Fest des Fastenbrechens bietet sich etwa durch einen großen Gefallen seitens des Unfallverursachers erneut Gelegenheit zur Versöhnung, so dass ein Ausgleich des Gebens und Nehmens erreicht wird.

‚Geben' und ‚Nehmen' müssen in einer schamorientierten Kultur zwischen Verwandten und Freunden, ja zwischen allen, die miteinander in einer Beziehung stehen (und sei es ein Beamter auf einer Behörde, der um eine Amtshandlung gebeten wird) immer im ungefähren Gleichgewicht bleiben. Steht ein Bittsteller z. B. zu einem Beamten in keiner Beziehung und kann er sie über Dritte auch nicht herstellen, hat er manchmal nur wenig Aussicht auf Hilfe und Erfüllung seiner Bitten.

Wer einem Freund einen sehr großen oder sogar mehrere Gefallen getan hat, hat gewissermaßen bei ihm auf sein Konto ‚eingezahlt'. Gerät er jetzt selbst in eine Notlage, kann er fest damit rechnen, von seinem Freund Hilfe zu erhalten, ja es ist eigentlich fast sein moralisches Recht. Dieser Freund ist dem Bittenden so tief verpflichtet, daß ein Abweisen der Bitte so gut wie unmöglich ist und stark mißbilligt würde. Er muß alles in seiner Macht stehende tun, um jetzt Hilfe zu leisten.

Kann oder möchte er dies jedoch nicht, aus Gründen, die möglicherweise wiederum in stärker wiegenden Verpflichtungen anderen Personen gegenüber liegen - also einem Loyalitätskonflikt - wird er seinem Bittsteller gegenüber ein ‚Ausweichmanöver' durchführen, aber ihn keinesfalls mit einem glatten ‚nein' konfrontieren. Eine Bitte, so lautet eine Regel gesellschaftlichen Zusammenlebens in einer schamorientierten Kultur, mag sie berechtigt oder unberechtigt sein, sollte niemals direkt abgewiesen werden. Er mag sich dem Bittenden entziehen, indem er eine Weile nicht aufzufinden ist oder Entschuldigungen und Gründe anführen, weshalb er aufgrund eigener Schwierigkeiten derzeit verhindert ist oder die Erfüllung der Bitte verschoben werden muß. Oft wissen dann beide Beteiligte, daß dies eine Ablehnung ist, die aber nicht offen thematisiert wurde. So verliert weder der Bittende noch der die Bitte Ablehnende sein Gesicht. Ja, die Bitte kann, da es niemals ein offizielles ‚nein' gegeben hat, später doch noch erfüllt werden, wenn die Voraussetzungen oder Möglichkeiten zur Erfüllung gegeben sein sollten.

Ist einer unbescholtenen Person Unehre geschehen, kann sie Versöhnung einfordern, sollte dies jedoch immer erst in einem Rahmen zu erreichen versuchen, die dem anderen erlaubt, sein Gesicht zu wahren. Oft geschieht das, indem z. B. ein Bestohlener sich nicht direkt an den Dieb, sondern an dessen Verwandte wendet. Manchmal taucht der Streitpunkt gar nicht im Gespräch auf, aber man gibt auf Umwegen zu verstehen, was geschehen ist. So kann Versöhnung geschehen, ohne das Geschehen klar benannt zu haben und den Verursacher zu beschämen. Den anderen bloßzustellen und ihn das Gesicht verlieren zu lassen wird i. d. R. als schlimmer betrachtet als das Vergehen selbst.

Was als angemessenes Verhalten gilt, entscheidet in der schamorientierten Kultur nicht die Einzelperson, sondern die Gesellschaft als ganze, das Kollektiv. Deshalb handelt jeder einzelne auch immer in Hinblick darauf, welche Folgen sein Verhalten für die Gruppe, die Familie und die Gesellschaft hat.

In der schuldorientierten Kultur kann von Fall zu Fall unterschiedliches individuell abweichendes Verhalten toleriert werden. Entscheidungen haben zumeist nur für den Einzelnen Bedeutung und werden der Gruppe, der Familie und der Gesellschaft nicht zur Last gelegt.“[4]

## Lothar Käser aus ethnologischer Sicht

Der christlich orientierte Freiburger Ethnologe Lothar Käser hat Schuld- und Schamorientierung in seinem Lehrbuch klassisch beschrieben.[5] Grundsätzlich geht er zunächst individuell von Schuld- und Schamgefühlen aus:

> „Schuldgefühle sind in aller Regel Gewissensreaktionen, mit denen das Individuum auf Verstöße gegen Normen reagiert, die von seiner Kultur, Gesellschaft oder Gruppe ausdrücklich als *Recht* und *Gesetz* formuliert werden. Es kann sich dabei um schriftlich formulierte Ordnungen handeln (Bürgerliches Gesetzbuch, Straßenverkehrsordnung), oder auch einfach um mündliche Absprachen (Zusage eines Vortragstermins, der eingehalten werden muß). Schuldgefühle sind aber auch Gewissensreaktionen, mit denen das Individuum auf Verstöße gegen Normen reagiert, von denen es weiß, daß sie von einer außermenschlichen Autorität, einer Gottheit etwa, gesetzt sind. Solche Normverletzungen heißen *Sünde*, ein Begriff, den es im übrigen nicht nur in christlichen Kulturen gibt.

Schamgefühle dagegen sind in aller Regel Gewissensreaktionen, mit denen das Individuum auf Verstöße gegen Normen reagiert, die von seiner Kultur, Gesellschaft oder Gruppe als allgemein akzeptierte Regeln des *Anstands*, der *Gesittung*, des *Wohlverhaltens* angesehen werden, als das, was sich gehört und was ‚man' erstreben sollte. Dazu zählen etwa Tischmanieren, Kleiderordnungen, ein bestimmtes Körpergewicht, das man nicht überschreiten sollte, oder die Fähigkeit, eine sportliche Leistung zu erbringen, die von den übrigen Mitgliedern der eigenen Gruppe in gleicher Weise erbracht wird."[6]

Diese Unterscheidung prägt nun nicht nur den Einzelnen, sondern davon ausgehend auch ganze Kulturen:

„Wenn man die verschiedenen Kulturen, Gesellschaften und Gruppierungen auf ihre Gemeinsamkeiten und Unterschiede hin untersucht, erkennt man *zwei Grundformen* menschlicher Gewissensorientierung. Es gibt Kulturen, Gesellschaften und Gruppen, deren Individuen überwiegend *schuldorientiert*, und andere, deren Individuen überwiegend *schamorientiert* reagieren. (Man beachte: Die Betonung liegt auf ‚überwiegend'!) Zugespitzt gesagt: Es gibt Kulturen, Gesellschaften und Gruppen, deren Individuen von ihrem Gewissen überwiegend mit Schuldgefühlen bestraft werden, wenn sie gegen Normen verstoßen, und es gibt solche, deren Individuen von ihrem Gewissen überwiegend mit Schamgefühlen bestraft werden, wenn sie gegen Normen verstoßen. Aus diesen beiden Kriterien ergeben sich tiefgreifende Unterschiede im Verhalten der Menschen und natürlich auch für die Kulturen insgesamt." [7]

Diese unterschiedliche Ausrichtung führt auch zu unterschiedlichen Strukturen der Gesellschaft.

„Gesellschaften mit eher schuldorientierten Individuen sind generell weniger eng strukturiert und normiert. Sie lassen Pluralismus der Meinungen zu und neigen zur Vielfalt ihrer Wertmaßstäbe und Handlungsmuster. Weil *Freiheit des Individuums* als hoher Wert gilt, sind sie eher vom Zerfall bedroht, denn es wird den Individuen zugestanden, sich selbst, ihre Meinungen und Bedürfnisse für wichtiger halten zu dürfen als die „der anderen". Bei Entscheidungen, die eine gemeinsame Meinung erfordern, wird eine Diskussion gewöhnlich nur so lange geführt, bis Mehrheiten erkennbar sind.

> Gesellschaften mit eher schamorientierten Individuen sind enger strukturiert, oft sogar streng hierarchisch. Sie neigen zur Vereinheitlichung der Meinungen, Wertmaßstäbe und Handlungsmuster. Ihre Mitglieder sehen sich eher gezwungen, ihre individuelle Freiheit, ihre Meinungen und Bedürfnisse den Interessen der Gruppe unterzuordnen. Sie sind weniger wichtig als „die anderen". Bei Entscheidungen, die eine gemeinsame Linie erfordern, wird eine Diskussion gewöhnlich so lange geführt, bis sich alle Beteiligten der zu findenden Lösung anschließen können. (Europäer haben für diesen gelegentlich äußerst langwierigen Prozeß die Bezeichnung „Palaver" erfunden.)"[8]

Aufgrund dieser Strukturunterschiede läßt sich die Verbreitung von Schuld- und Schamorientierung auch kulturgeschichtlich festmachen, auch wenn Käser im Detail anschließend der Notwendigkeit einer breiten Differenzierung Rechnung trägt.

> „Der Typ Kultur mit überwiegender Schuldorientierung findet sich hauptsächlich in den komplexen, industriell geprägten europäisch-westlichen Gesellschaften. Es ist allerdings zu beachten, daß dies im besonderen für die oberen Gesellschaftsschichten und das städtische Milieu dieser Kulturen gilt. In ihren unteren Gesellschaftsschichten und in dörflichen Situationen ist die Schamorientierung auch hier vergleichsweise deutlicher ausgeprägt. Die Verbreitung des Prinzips Schuldorientierung scheint sich mit denjenigen Gebieten zu decken, in denen das Christentum die herrschende Religionsform bildet, oder in denen zumindest die gesellschaftlichen Grundlagen davon bestimmt sind („das christliche Abendland"). Ganz so einfach sind die Verhältnisse jedoch nicht. Vor Verallgemeinerungen dieser Art sollte man sich hüten.
>
> Der Typ Kultur mit überwiegender Schamorientierung dagegen findet sich ausgeprägt in den wenig komplexen Gesellschaften, eher schriftlosen, auf mündlichen Traditionen basierenden ethnischen Gruppen der Wildbeuter, Pflanzer, Ackerbauer und Viehzüchter, unter Umständen aber auch in so komplexen modernen Industriegesellschaften wie der japanischen oder chinesischen."[9]

Käsers ehemaliger Kollege auf den Trukinseln, der Missionswissenschaftler Klaus W. Müller, hat eine gute Gegenüberstellung dazu geliefert:

| **Schuld- und Schamorientierung –** bearbeitet nach Klaus W. Müller[10] | |
|---|---|
| *schuldorientiert* | *schamorientiert* |
| **Ausgangspunkt der Prägung** | |
| Kleine Zahl von prägenden Personen, genau definiert: Eltern (Basisfamilie). | Große Zahl von prägenden Personen (Großfamilie), ungenau definiert: Eltern und Verwandte, Fremde; Geistwesen. |
| **Struktur** | |
| Verhaltensmaßstäbe der prägenden Personen werden übernommen, das Gewissen bildet sich aus. | Verhaltensmaßstäbe der prägenden Personen werden übernommen, das Gewissen bildet sich aus. |
| **Manifestierung** | |
| In sich selbst, das eigene Gewissen ist Normüberwachung. | Andere Personen oder Geister sind Autorität zur Überwachung der Norm. |
| **Reaktion bei geplanter Normverletzung** | |
| Signal des Gewissens, daß die imaginäre Tat falsch ist. Abwehrmechanismus wird aktiviert. | Signal des Gewissens, daß die imaginäre Tat falsch ist. Abwehrmechanismus wird aktiviert. |
| **Reaktion bei tatsächlicher Normverletzung** | |
| Störung des Gleichgewichtes von innen verursacht. | Störung des Gleichgewichtes von außen, aber nur dann, wenn die Tat anderen bewußt wird. |

| | |
|---|---|
| Sofort, immer als Schuldgefühl erlebt, das als Bestrafung empfunden wird. | Sofort, immer als Schamgefühl erlebt, das als Bestrafung empfunden wird. |
| | Abwehrmechanismus wird aktiviert. |
| Entlastungsmechanismus wird aktiviert. | Entlastungsmechanismus wird aktiviert. |
| **Ergebnis** | |
| Ein funktionsfähiges Gewissen (Superego) führt zum Frieden. | Ein funktionsfähiges Gewissen (Superego) führt zum Frieden. |

## Helm Stierlin aus psychoanalytischer Sicht

Der Heidelberger Psychoanalytiker und Familientherapeut Helm Stierlin faßt den Stand der psychologischen Forschung wie folgt zusammen:

> „Scham und Schuld sind wesentliche Elemente menschlicher Erfahrungen und damit auch der psychiatrischen Theorie und Praxis. Sie beschäftigten Philosophen wie Kierkegaard, Nietzsche, Sartre, Heidegger, Jaspers und Psychoanalytiker wie Freud und Erikson. In beiden Fällen geht es um schmerzhafte und komplexe Emotionen. Sie verschränken sich miteinander, sind aber nach Phänomenologie und Dynamik verschieden. ... Mehrere psychoanalytische Autoren haben Unterschiedlichkeiten und Ähnlichkeiten beider Phänomene beschrieben. Ihnen zufolge unterscheiden sich Scham und Schuld trotz ihrer Ähnlichkeit im Hinblick auf Sprachgebrauch und -ursprung. So impliziert Scham schmerzliche Verlegenheit, Wut der Erniedrigung und ein so tiefes Gefühl von Beklemmung und Demütigung, daß man ‚im Boden versinken' möchte. Dieses Gefühl des Kleinwerdens kontrastiert zu dem des Aufschwungs, den Stolz und Triumph - die gefühlsmäßigen Gegensätze von Scham - vermitteln."[11]

Worin unterscheiden sich nun Scham und Schuld?

„Scham erwächst vor allem aus der Niederlage im Konkurrenzkampf, aus der Zurückweisung und dem Gefühl, die Selbstkontrolle und, damit einhergehend, die Selbstachtung verloren zu haben. Scham begleitet häufig das Gefühl, körperliche oder sexuelle Mängel zu haben. Ein Mädchen schämt sich beispielsweise ihrer kleinen Brüste, ihrer (scheinbaren oder tatsächlichen) sexuellen Kälte oder ihrer allzu bereitwilligen Erregbarkeit (in ihren Augen eine Schwäche); ein junger Mann seiner Impotenz, seines (in seinen Augen) zu kleinen Penis oder seiner sexuellen Unerfahrenheit. Im Wort ‚Schamteile' spiegelt sich die enge Affinität von sexueller Funktion, Anatomie und Scham wider. Bei der Schuld erleiden wir dagegen Schmerz, weil wir anderen Menschen oder sakrosankten Institutionen wie Familie, Kirche oder Vaterland (vermeintlichen oder wirklichen) Schaden zugefügt haben. Schuld entsteht spezifisch in Situationen, in denen wir (in der Tat oder Phantasie) diejenigen angreifen, betrügen, manipulieren, erniedrigen oder beneiden, die wir zu lieben meinen oder wünschen. Zusammenfassend können wir mit einer Formel von Piers und Singer sagen: ‚Schuld-Angst entsteht aus Übertretung, Scham aus Versagen.'"[12]

Nun verbindet Stierlin Scham und Schuld mit Freuds Lehre:

„Freuds Konzepte des Ichideals und Überichs werfen Licht auf die hier vorliegenden dynamischen Prozesse. Nach Freud reflektieren sich in Schuld und Scham die Spannungen, die zwischen Ich und Ichideal (oder Überich) entstehen. Das Wesen dieser Spannungen klärte sich für Freud, als er 1933 zwischen den drei Überichfunktionen des Ichideals, Gewissens und der Selbstbeobachtung unterschied. Dabei spielt das Ichideal vor allem bei der Scham, das Gewissen bei der Schuld eine Rolle, während die Selbstbeobachtung bei Scham und Schuld, wenn auch in verschiedener Weise, zum Zuge kommt.
Diesem Überichkonzept zufolge entsteht Scham, wenn wir den Forderungen des Ichideals nicht genügen, d. h. nicht so stark, schön, selbstsicher, kompetent oder sexuell potent sind, wie das Ichideal es verlangt. Es entsteht Schuld, wenn wir einem Gewissen zuwiderhandeln, das diejenigen zu verletzen, zu betrügen, zu erniedrigen oder zu enttäuschen verbietet, denen wir Liebe und Respekt schulden. (Daher der anschauliche deutsche Ausdruck ‚Gewissensbiß'.)

Die Selbstbeobachtung als dritte Überichfunktion ist sowohl mit Scham wie Schuld verbunden. In der hier gemeinten Bedeutung schließt sie die Einschätzung bzw. Beurteilung unserer Selbst als auch die anderer sowie der Gesamtsituation ein. So verstanden, entscheidet die Selbstbeobachtung darüber, wieweit wir vom Ichideal oder Gewissen - in unseren Handlungen oder Wünschen - abweichen. Eine derartige Selbstbeobachtung variiert, was Strenge und Schärfe anbelangt, bekanntlich von Individuum zu Individuum. Bei den einen erscheint sie stark, außerordentlich konzentriert und schonungslos; bei den anderen dagegen schwach, diffus und nachgiebig. Weiter kann sie - und das ist hier wichtig - gleichsam aussetzen, pervertiert oder umgangen werden und es so dem einzelnen ermöglichen, dem Schmerz der Scham oder Schuld mehr oder weniger zu entgehen. Dieser defensive Gebrauch (oder Nichtgebrauch) der Selbstbeobachtung wirkt sich dann auf die dynamischen Prozesse aus, die typischerweise bei Scham und Schuld in Gang kommen, um den Schmerz zu lindern.

Bei (wirklicher oder potentieller) Scham versucht das Individuum, die Selbstbeobachtung massiv zu blockieren: Es verschließt die Augen vor dem, was es getan hat, verbirgt sich oder will das Geschehene durch Verleugnung ungeschehen machen. Bei der (wirklichen oder potentiellen) Schuld versucht es, die Stimme des Gewissens durch Verzerrung der Wahrnehmung und Verdrehung der Verantwortlichkeit, vor allem mit Hilfe von Projektionen, zum Verstummen zu bringen. Es versucht daher, zumindest temporär Schuld loszuwerden, indem es andere anklagt oder bestraft, wie es in der psychoanalytischen Literatur Freud (1926), Fenichel (1945, 1954) u. a. beschrieben haben. Gleichzeitig führt es oft unbewußt eine Situation herbei, in der es selbst angeklagt oder bestraft wird."[13]

# 3. ZUR GESCHICHTE DER UNTERSCHEIDUNG VON SCHAM- UND SCHULDORIENTIERUNG

## Kulturanthropologie

Erfreulich ist, daß die Forschungsgeschichte der Unterscheidung von Scham- und Schuldorientierung in Psychologie und Kulturanthropologie in den neuen Untersuchungen von Lomen und Wiher nachgezeichnet wird,[14] auch wenn im Detail noch manches nachzutragen ist und andere Fachbereiche wie die Soziologie weitgehend fehlen. Wir wollen diese Forschungsgeschichte kurz nachzeichnen und dabei einige Ergänzungen zu Lomen und Wiher nachtragen, bevor wir uns die zwei klassischen Darstellungen vor Augen führen.

Wohl von den Untersuchungen zur Bedeutung der Scham in Psychologie und Psychoanalyse mitinspiriert, wurde die Unterscheidung von Scham- und Schuldorientierung[15] zum Thema der Kulturanthropologie[16]. Hier machte Margarete Mead, die Psychologie und Kulturanthropologie studiert hatte, 1937 in ihrer Beschreibung indianischer Völker den Anfang.[17] Bekannter wurde Ruth Benedict, als sie 1946 die japanische Kultur detailliert als Schamkultur beschrieb, in der die Schuldfrage keine Rolle spiele.[18] Beide waren Schüler[19] des bedeutenden Ethnologen Franz Boas[20], der Kultur als funktionale Gesamtheit betrachtete, dem kulturellen Evolutionismus ein Ende bereitete und die Integrationswissenschaft Kulturanthropologie als Zusammenschau aller Bereiche einer Gesellschaft in den USA etablierte.[21]

Ähnliche Beobachtungen und Einordnungen wurden von Kulturanthropologen oder kulturanthropologisch arbeitenden Missionaren für die chinesische[22], die indische[23], die koreanische[24], die javanische[25], die kurdische[26], die arabisch-nahöstlich[27] bzw. islamische[28], die mexikanisch-indianische[29] und die mediterranen[30] Kulturen, die alle als schamorientiert - praktisch immer im Gegensatz zur westlichen Welt – wahrgenommen wurden.

Insbesondere der einflußreiche Oxforder Altphilologe Eric Robertson Dodds hat 1951 die Unterscheidung zwischen Schamkulturen und Schuldkultur bekannt gemacht[31], indem er die altgriechische Zivilisation im Gegensatz zur (seinerzeitigen) modernen Welt als Schamkultur darstellte.[32]

1953 taten sich nicht zufällig ein Psychoanalytiker und ein Kulturanthropologe, Gerhart Piers und Milton B. Singer, zusammen und schrieben das erste kulturübergreifende Standardwerk zum Thema.[33] Gemessen an seinem späteren Einfluß ist das Buch erstaunlich kurz und am Ende dem ganzen Konzept gegenüber sogar verhalten kritisch.

> „Gerhart Piers lieferte dabei das psychoanalytische Modell, das dann von Milton B. Singer im Bereich der Anthropologie angewandt wurde. Piers unterschied dabei Über-Ich (*super-ego*), das Schuld produziert, und Ich-Ideal (*ego-ideal*), das Scham produziert. Das Über-Ich orientiert sich an einem Satz von Regeln und bestraft bei Übertretung dieser Regeln das Ich mit einem Schuldgefühl. Das *Ich-Ideal* hingegen orientiert sich an einem verinnerlichten Ideal und bestraft das Ich, wenn es das Ideal nicht erreicht, mit einem Schamgefühl." (Lomen 18-19)

Eine hochinteressante vom Thema Scham und Schuld bestimmte Studie in der Kreuzung von Kulturanthropologie und Psychologie/Pädagogik liefert Melford Spiro in seiner 1958 erschienen Untersuchung über die Erziehung von Kindern in einem Kibbuzim in Israel.[34] Er kommt darin zu dem Ergebnis, daß die Schamorientierung bei Kindern mit der Zahl der Bezugspersonen zunimmt.

Ein kulturanthropologischer Sammelband von 1965 mit Beiträgen einer 1959 abgehaltenen Konferenz machte die Scham-/Schuldproblematik endgültig zu einem Standardthema der Ethnologie.[35]

Allerdings ist darauf hinzuweisen, daß die Unterscheidung von Scham- und Schuldorientierung alles andere als unumstritten ist.[36]

## Psychoanalyse und Psychologie

Seitdem Sigmund Freud[37] die Scham als eine der grundlegenden Gefühle des Menschen in das Zentrum des psychologischen Interesses gerückt[38] und vom Schuldgefühl unterschieden hat, gibt es eine Vielzahl von wissenschaftlichen Untersuchungen zum Thema ‚Scham'.[39]

Sighard Neckel verlängert dabei die Vorgeschichte über Freud bis zu Darwin zurück[40], der das Schamempfinden als eine Erscheinung der frühen Stufen der menschlichen Entwicklung ansah, dem sich erst später das Schuldempfinden hinzugesellte. Nach Neckel griff Freud diese Unterscheidung auf, die dann wiederum bei von Freud ausgehenden Kulturanthropologen und in der gesamten Psychoanalyse eine Rolle spielte, insbesondere bei den beiden genannten ‚orthodoxen' Freudschülern unter den Kulturanthropologen, Mead und Benedict.[41] Von dorther übernahmen Soziologie, Psychologie und Psychoanalyse diese Unterscheidung[42], so etwa 1948 der Psychoanalytiker Franz Alexander, der lehrte, Schuld empfinde man wegen falschen Tuns, Scham hingegen wegen eines Unterlegenheitsempfindens[43]. 1955 machte David P. Ausubel die Thematik im ‚Psychological Review' bekannt[44], auch wenn er die Unterscheidung nach Scham und Schuld später sehr kritisch sah[45]. Es folgte 1953 die schon zur Kulturanthropologie genannte gemeinsame Studie von Gerhart Piers und Milton B. Singer[46], die von Piers' psychoanalytischem Modell ausging. Einflußreich waren auch Helen Merell Lynds Standardwerk zur Scham[47], auch wenn die Scham- und Schuldorientierung nur unter anderem zur Sprache kam. Dies wurde dann 1971 bei Helen B. Lewis unmittelbarer zum Thema.[48] In den 80er und vor allem den 90er Jahren erschien dann eine große Zahl umfangreicher Werke zur Scham, die fast alle auch zur Scham-/Schuldproblematik Stellung bezogen[49]. Einen guten Querschnitt bietet ein Sammelband von 1995.[50]

Im Bereich der Psychoanalyse gibt es mehrere Forschungsgeschichten zum Thema ‚Scham'.[51] Dabei wäre deutlicher als dies bisher geschah, zu unterscheiden, wer etwas zur Frage des Schamempfindens oder zur Frage des Schuldempfindens beigetragen hat und wer auf beide Bereiche gleichzeitig oder im Vergleich eingegangen ist, denn Letzteres gilt für die wenigstens Forscher.

Erwähnt werden soll noch die Sicht, die Scham ebenso wie Schuldgefühle als Unterabteilung der Schuld sieht, die Schuld und Schuldgefühle in eine Art Selbstbestrafung umwandelt. Sie ist auch jüngst immer wieder vertreten worden, im evangelikalen Bereich etwa von S. Bruce Narramore[52] und dem Theologen Bruce J. Nicholls[53]. Narramore sieht in der Scham den Verlust des Selbstbewußtseins und damit eine Funktion des schuldigen Gewissens.

Auch ähnliche Auffassungen werden weiterhin vorgetragen. So sind die Psychologen Till Bastian und Micha Hilgers der Auffassung, daß Scham der natürliche Vorläufer der Schuld bei Kindern ist und sich nur aus einem Schamgefühl dann das Schuldbewußtsein entwickeln kann.[54] „Schuld hat Scham zur Voraussetzung."[55]

Allerdings hat hier Schuld im Sprachgebrauch oft eine doppelte Bedeutung, nämlich einmal Schuld als Folge einer Tat, und zum anderen Schuld im Sinne der Tat selbst. Geht man davon aus, daß Sünde Schuld und Scham auslösen, wundert man sich natürlich nicht, wie eng diese beiden zusammen hängen.

## Kognitive Psychologie

Neben der Psychoanalyse soll hier noch ein Vertreter der weniger spekulativ arbeitenden kognitiven Psychologie dargestellt werden, nämlich Michael Lewis' Buch ‚Scham'[56]. Wiher hat Michael Lewis eingehend gewürdigt und gut zusammengefaßt (Wiher, Shame 75-82; vgl. 100-103 u. ö. – s. Register 512).

## Soziologie

Für eine vollständige Erfassung der Forschungsgeschichte müßte insbesondere auch die bei Lomen und Wiher praktisch fehlende Soziologie[57] mit herangezogen werden. Schon zeitgleich mit Freud untersuchte Georg Simmel erstmals die soziologische Bedeutung der Scham.[58] Insbesondere das Verhältnis von Nacktheit und Scham spielte in der Zivilisationstheorie von Norbert Elias und seines Kontrahenten Hans Peter Duerr eine zentrale Rolle.[59] Eine klassische soziologische

Darstellung zur Scham hat Sighard Neckel 1991 vorgelegt, in der er auch die Unterscheidung in Scham- und Schuldorientierung diskutiert.[60] Neben der Soziologie wären ebenfalls mit Wiher die Pädagogik und die Rechtswissenschaft zu nennen.

## Missionswissenschaft

Im Anschluß an Kulturanthropologie und Psychologie hat sich die evangelikale Missionswissenschaft im Rahmen eines eigenen Fachgebietes, der Elenktik, mit der Thematik der Scham- und Schuldorientierung beschäftigt.[61] Hier sind vor allem David J. Hesselgrave[62], Klaus W. Müller[63] und Robert J. Priest[64] zu nennen, in allen Fällen ehemalige Missionare auf evangelikalen Lehrstühlen. Die in diesem Aufsatz diskutierten Bücher von Lomen und Wiher gehören ebenfalls hierher, wobei hier unter anderem ein näheres Eingehen auf biblische Sachverhalte zu finden ist. Eine vergleichbare Beschäftigung mit dieser Thematik in der nichtevangelikalen Missionswissenschaft hat nicht stattgefunden.

Dabei sind im wesentlichen drei Schulen zu nennen. Die eine versteht das christliche Evangelium als schuldorientiert und geht der Frage nach, wie man dies schamorientierten Kulturen sinnvoll und einfühlsam vermitteln kann (Hesselgrave, Müller). Die zweite geht davon aus, daß innerhalb der Bibel die Schamorientierung in etwa gleichwertig mit der Schuldorientierung ist, so daß man von der Bibel her in allen Kulturen entsprechend anknüpfen kann, auf Dauer aber eine Ausgewogenheit lehren sollte (Lomen, Wiher). Die dritte geht davon aus, daß die Schamorientierung in der Bibel bei weitem überwiegt, so daß die Schuldorientierung des christlichen Abendlandes ein Mißverständnis der biblischen Botschaft darstellt (Muller, Noble, Loewen).

Das kulturanthropologische Gewicht dieser evangelikalen missiologischen Untersuchungen enorm. Der exegetische oder systematisch-theologische Anteil ist bei den angelsächsischen Autoren meist recht gering, weswegen es begrüßenswert ist, daß Wiher und Lomen hier Abhilfe schaffen. Zur Frage, ob die christliche Botschaft und Ethik selbst scham- oder schuldorientiert sind, kann nicht nur missionarisch und praktisch argumentiert werden, sonder müssen Exegese, Hermeneutik, Dogmatik und Ethik mitberücksichtigt werden.

## Theologie und Ethik

Die Theologie hat die Thematik der Scham- und Schuldorientierung bisher stark vernachlässigt. Durch die meist unausgesprochene oder nur angedeutete Gegenüberstellung anderer Kulturen – etwa der altgriechischen, der japanischen oder der islamischen – mit der christlich-westlichen Zivilisation wäre eigentlich die Theologie von Anfang an gefordert gewesen, die Frage zu klären, in wieweit letztere eine schuldorientierte Kultur ist und wenn ja, ob dies auf christlichen Einfluß zurückzuführen ist oder nicht.

Insbesondere hätte die theologische Disziplin der Ethik längst die Aufgabe gehabt, grundsätzlich zu klären, welche Rolle Scham und Schuld in der christlichen Ethik spielen bzw. in welchem Verhältnis Scham- und Schuldorientierung zueinander stehen. Im Rahmen der theologisch prominenten und viel diskutierten Lehre vom Gewissen erscheinen beide Seiten immer wieder, meines Wissens aber nirgends grundsätzlich auf dem Hintergrund der psychologischen und ethnologischen Sichtweisen der Scham- und Schuldorientierung.

Dafür kann man nicht allein die auch sonst zu findende Zurückhaltung der Theologie verantwortlich machen, sich in Fragen der Mission einzumischen, auch nicht die ja nachlassende Fixiertheit auf die westliche Christenheit. Denn die Frage nach Scham und Schuld tritt ja zunächst innerhalb der westlichen Welt aus der Psychoanalyse und Psychologie an die Theologie heran, und in den letzten Jahrzehnten hat sich die Theologie sehr intensiv um eine theologische Bewertung und Einordnung fast aller psychoanalytischer und psychologischer Fragestellungen bemüht. Wenigstens im Bereich von Seelsorge und Psychologie hätte die Thematik aufgegriffen werden müssen, insbesondere da eine theologische Einordnung der psychologischen und psychoanalytischen Erkenntnisse zum Schamgefühl angesichts der starken Gewichtung der Schuldfrage im christlichen Glauben so oder so wichtig und hilfreich wäre.

Etwas besser sieht es im exegetischen Bereich aus, wenn auch letztlich die Situation kaum befriedigend ist. Zum Alten Testament erschien 1972 die Dissertation von Martin A. Klopfenstein, Scham und Schande nach dem Alten Testament'.[65] Julian Pitt-Rivers veröffentlichte 1977 Aufsätze, die alttestamentliche Geschehnisse auf dem Hintergrund von Scham und Ehre in der mediterranen Welt erklären wollten.[66] In jüngster Zeit erschienen etliche Untersuchungen zum Thema Scham und Ehre in alttestamentlichen Büchern.[67] Allerdings sind sie für unsere Fragestellung meist nur bedingt tauglich, da sie die Frage nach Schuld und Ehre nicht einbeziehen. Gary Stansell zeichnet etwa die Bedeutung von Scham und Ehre in den Erzählungen von Davids Familie nach.[68] Ob hier die Scham etwa über den Inzest zwischen Schwester und Bruder aber das bedeutet, was wir heute als Scham bezeichnen, wird nicht thematisiert.[69]

Zum Neuen Testament finden sich solche Untersuchungen vor allem seit 1981, wobei die kulturanthropologische, nicht systematische Ausgangsstellung noch offensichtlicher ist.[70] Eine Ausnahme sind die neuesten Studien zu neutestamentlichen Büchern von David Arthur DeSilva[71], die sehr viel Material zu Ehre und Schande im Neuen Testament zusammentragen. Allerdings definiert DeSilva in seinem überblicksartigen Gesamtwerk zum Neuen Testament Scham nirgends und stützt sich in seiner kurzen Beschreibung der Scham lediglich auf einen einzigen nicht wissenschaftlichen Zeitschriftenartikel von Robert Karen.[72]

Insgesamt wollen diese und praktisch alle die von Lomen und Wiher angeführten Untersuchungen zum Alten und Neuen Testament entweder kulturanthropologische Erkenntnisse auf die Bibel anwenden oder sie untersuchen nur bestimmte Aspekte der Begrifflichkeit von Scham, Schande, Ehre usw., suchen aber nicht zugleich nach schuldorientierten Elementen oder ordnen klassische Bestandteile einer solchen Orientierung – wie etwa der Betonung der Torah – nicht in das Gesamtbild ein. Das ist grundsätzlich legitim und mehrt unser Wissen, geschieht aber selten unter Hineinnahme der Unterscheidung von Scham und Schuld und selten unter systematischen Gesichtspunkten, wie dies dann etwa Lomen und Wiher tun. Diese Literatur kann daher für die grundsätzliche Frage, ob eine an der Heiligen Schrift orientierte Botschaft scham- oder schuldorientiert ist, nur Zulieferdienste leisten.

Zudem ist es unumstritten, daß man die Umwelt des Alten und Neuen Testamentes gut kennen sollte und dies beim Verständnis des Textes hilft. Das gilt auch für die Schamorientierung mediterraner und nahöstlicher Gesellschaften. So können orientalische Gepflogenheiten in Sachen Polygamie Licht auf alttestamentliche Ereignisse werfen. Nur muß man – wie wir noch sehen werden – klar zwischen der Zustandsbeschreibung der damaligen Zeit und dem für alle Zeiten verbindlichen offenbarten Willen Gottes unterscheiden. Eine von grundsätzlichen biblisch-christlichen Werten ausgehende Gesellschaft wird deshalb die Einehe zur persönlichen, kulturellen und juristischen Norm erheben. Wir werden darauf noch näher eingehen.

Vor Lomen und Wiher sind meines Wissens die einzigen Theologen, die sich der Thematik ausführlicher systematisch-theologisch angenommen haben, Lowell L. Noble[73] (Lomen 21) und C. Norman Kraus[74] (Wiher 149-153) gewesen. Doch auch bei Noble stehen die kulturanthropologischen und psychologischen Überlegungen ganz im Vordergrund. Anders sieht es dagegen bei C. Norman Kraus aus, der als mennonitischer systematischer Theologie in seiner Christologie im Rahmen der Bedeutung des Kreuzes auch auf die Frage nach Scham und Schuld eingeht und wie Wiher davon ausgeht, daß das Kreuz auf die Verurteilung durch Scham und Schuld antwortet[75], allerdings im Gegensatz zu Wiher der Schamorientierung das größere Gewicht beimißt, dies aber nur kann, weil er dabei den stellvertretenden und genugtuenden Sühnetod Christi und die Beendigung des Zornes Gottes ganz leugnet.[76]

Zwar hat Ulrich Mack 2002 eine theologische Dissertation ‚Die Bedeutung der Scham in der Seelsorge'[77] eingereicht, die viel psychoanalytisches und soziologisches Material aufarbeitet und hilfreiche Anregungen für die Seelsorge bietet[78], doch auch hier fehlen exegetische, biblisch-theologische und systematisch-theologische Überlegungen weitgehend.

# 4. WAS FÜR DIE FRAGE, OB DIE BIBLISCHE BOTSCHAFT SELBST SCHAM- ODER SCHULDORIENTIERT IST, ZU BERÜCKSICHTIGEN IST

## Ist die christlich-abendländische Theologie eine Fehlentwicklung?

Sind die massive Schuldorientierung und der Individualismus in der westlichen Welt Folge des Einflusses der biblisch-christlichen Ethik auf die westliche Kulturgeschichte oder eine Gegenbewegung, wenn nicht gar der Abfall von dieser? Und selbst für die Position der Gleichberechtigung von Scham- und Schuldorientierung stellt sich dann die Frage: Ist damit die Schuldorientierung der westlichen Gesellschaften abzulehnen?

Klaus W. Müller und David Hesselgrave[79] vertreten beide vehement die Ansicht, daß die biblische Botschaft schuldorientiert ist, was Lomen stark und Wiher verhaltener kritisieren (Lomen 85; Wiher, Shame 280, 136-147). Müller schreibt: „Sündenvergebung geschieht aufgrund von Schuldbewußtsein vor Gott, nicht aufgrund eines Empfindens von Scham vor Menschen."[80]

Hannes Wiher unterscheidet drei zentrale Achsen in der biblischen Theologie: Die Achsen Sünde/Rettung und Schuld/Recht (Wiher, Shame 181-188) und die Achse Scham/Ehre (188-195) und sieht von dorther die Gleichwertigkeit der Schuld- und der Schamorientierung bes. 280, 342). Ähnlich geht Martin Lomen von einer Gleichwertigkeit aus.

Viel weiter gehen andere Autoren, wie Kraus[81], Burton, Noble, Pembroke und Muller.[82] Sie halten den ganzen westlichen Individualismus, die Orientierung am Recht und die gesamte Dogmatik der westlichen Kirche für ein Hindernis für die biblische Botschaft. Bei diesen Autoren fällt die grundsätzlich negative Haltung gegenüber der abendländischen Theologie und dem Gedanken einer christlichen Gesellschaft auf. Die protestantische forensische Rechtfertigungslehre gilt als Musterbeispiel der Fehlentwicklung – wobei übersehen wird, daß es überhaupt keine christliche Konfession gibt, in der die - auch forensische - Rechtfertigung keine zentrale Rolle spielt. Umstritten ist selbst in der katholischen Theologie noch nicht einmal ihre zentrale Stellung, sondern nur ihre Exklusivität, Zuordnung und die Frage, in wiefern sie ausschließlich Gottes Sache ist oder nicht, was ja alles für die Frage der Scham- oder Schuldorientierung keinen Unterschied macht.

Muller meint zum Beispiel, daß in Heilsfragen die Schuldfrage so im Zentrum steht, weil die westliche Kultur seit Jahrhunderten eine übermäßige Schuldorientierung kennt.[83] Evangelikale sind seines Erachtens schuldorientiert, weil sie mit festen Schuldprinzipien operieren, die sie aus der Bibel ableiten.[84] Verantwortlich für die Fehlentwicklung der westlichen Christenheit macht er das römische Recht, das alles und alle dem Gesetz unterstelle,[85] obwohl er dann – meines Erachtens zu Recht, aber seine eigene These widerlegend – anfügt, diese Sicht sei nicht neu gewesen, sondern so schon von den Juden unter Mose gesehen worden. Daneben seien zu viele Juristen wie Johannes Calvin Theologen geworden[86], was namentlich in der Reformationszeit zu „The Legal Model of Salvation“[87] führte. Sein Haupteinwand dagegen ist, daß das Gesetz nicht mehr gilt[88], und er stellt die klassische antinomistische Frage, ob man wirklich davon ausgehen könne, daß das alttestamentliche Gesetz von Gott stamme[89].

Anders sieht es dagegen bei C. Norman Kraus aus, der als mennonitischer systematischer Theologe in seiner Christologie im Rahmen der Bedeutung des Kreuzes auch auf die Frage nach Scham und Schuld eingeht und wie Wiher davon ausgeht, daß das Kreuz auf die Verurteilung durch Scham und Schuld antwortet, allerdings im Gegensatz zu Wiher der Schamorientierung das größere Gewicht beimißt. Er kann dies aber nur, weil er dabei den stellvertretenden und genugtuenden Sühnetod Christi und die Beendigung des Zornes Gottes ganz leugnet.[90]

Nun kann es hier sicher nicht darum gehen, das vielgestaltige Gesicht der abendländischen christlichen Geschichte und Gegenwart in Bausch und Bogen zu verteidigen oder zu verwerfen. Die Frage etwa, in wieweit das römische Recht nicht wesentliche Teile der abendländischen Kirchen zu einseitig geprägt hat, ist schon oft gestellt worden. Aber ich möchte im folgenden an einigen konkreten Beispielen aufzeigen, in wiefern ich die Gefahr sehe, daß mit der Verwerfung der Schuldorientierung westlicher Gesellschaften auch sehr leicht unumstrittene biblische Sachverhalte verworfen werden. Um mehr als Beispiele kann es sich hier nicht handeln, da sonst nichts weniger als eine eigene Dogmatik und Ethik vorgelegt werden müßte.[91]

Das christliche Abendland hat manche Fehlentwicklung gesehen, seine Schuldorientierung aber als gänzlich unchristlich und unbiblisch abzutun, wird der Realität nicht gerecht. Kein Kulturbereich ist so intensiv und so lange nicht nur allgemein von Theologie und Kirche, sondern speziell auch von aus der Bibel gewonnenen Überzeugungen und Maßstäben geprägt worden, daß die Gefahr besteht, daß man in der pauschalen Abwendung von der heutigen Gestalt der westlichen Welt ohne Prüfung im Detail auch zentrale biblische Wahrheiten mit über Bord wirft.

Vielmehr kann es nur darum gehen, die westliche Schuldorientierung wieder an der biblischen Schuldorientierung auszurichten und wieder ausgewogen mit einer biblischen Schamorientierung die Waage halten zu lassen.

Laurel Arthur Burtons etwa wirft der westlichen Theologie vor, an Stelle der biblischen Schamorientierung eine Schuldorientierung gesetzt zu haben und macht dafür maßgeblich die Erbsündenlehre Augustins verantwortlich, die sich dann unter anderem bei den Reformatoren auswirkte.[92] Dabei übersieht er einerseits, daß der Rechtfertigungslehre nun ja wirklich schon bei Augustin breite exegetische Gründe zugrunde liegen und Burton fast schon eher Paulus als Augustin kritisiert, und zum anderen das Motiv der Macht und Ehre Gottes gerade bei Augustin breit bezeugt ist und selbstverständlich die Gnade Gottes für Augustin auch die Stellung des Menschen vor Gott wiederherstellt, der zuvor in Schande lebte. Auch die Sexualethik Augustins ist – im Guten wie im Schlechten – stark vom Schamaspekt geprägt.

### Es muß unterschieden werden, wie man das schuld- oder schamorientierte Gewissen anspricht und ob die biblische Botschaft selbst schuld- und/oder schamorientiert ist.

*Nun möchte ich zunächst einige grundsätzliche Bemerkungen zum Umgang mit dem alt- und neutestamentlichen Befund machen.*

Man muß deutlich zwischen dem Anliegen, wie man einer scham- oder schuldorientierten Kultur die biblische Botschaft verständlich und kulturrelevant nahebringen kann (‚Den Juden wie ein Jude ...', 1Kor 9,19-23), und der Frage, ob die Bibel eine schamorientierte und/oder schuldorientierte Botschaft verkündigt, unterscheiden. Dem Anliegen „Dem Schamorientierten ein Schamorientierter" (Lomen 16-17)[93] zu werden, ist sicher so oder so zuzustimmen und es ist auch unumstritten. Immerhin schreibt Lomen selbst über Müller und Hesselgrave, beide Vertreter einer Schuldorientierung des christlichen Glaubens:

> „Beide plädieren auch für einen sensiblen Umgang mit schamorientierten Menschen, wobei z. B. Hesselgrave es durchaus für theologisch zu verantworten hält, für evangelistische Zwecke beim Thema Scham (anstelle Schuld) anzusetzen." (Lomen 85)

Weil Christen allein Christus gehören und allein seinem Wort unterstehen, können sie nicht nur ihre eigene Kultur und die Kultur anderer kritisch sehen, sondern sind verpflichtet, sich aus Liebe auf die Kultur anderer einzustellen. Paulus begründet in 1Kor 9,19-23 die Notwendigkeit, sich auf andere in der Evangelisation einzustellen gerade damit, daß er allen gegenüber frei ist: „Denn obwohl ich allen gegenüber frei bin, habe ich mich allen zum Sklaven gemacht, damit ich immer mehr gewinne. Und ich bin den Juden wie ein Jude geworden, damit ich die Juden gewinne; denen, die unter Gesetz sind, wie einer unter Gesetz - obwohl ich selbst nicht unter Gesetz bin -, damit ich die, welche unter Gesetz sind, gewinne; denen, die ohne Gesetz sind, wie einer ohne Gesetz - obwohl ich nicht ohne Gesetz vor Gott bin, sondern unter dem Gesetz Christi -, damit ich die, welche ohne Gesetz sind, gewinne. Den Schwachen bin ich ein Schwacher geworden, damit ich die Schwachen gewinne. Ich bin allen alles geworden, damit ich auf alle Weise einige errette. Ich tue aber alles um des Evangeliums willen, um an ihm Anteil zu bekommen". Offensichtlich kann auch ein Christ so in seiner eigenen Kultur leben, daß er nicht merkt, daß er bestenfalls von anderen nicht verstanden wird und schlimmstenfalls mit seiner Kultur dem anderen ein „Hindernis" (1Kor 9,12) ist, das Evangelium zu verstehen. Christen sind also nicht nur dafür verantwortlich, ob und daß sie die Botschaft von der Erlösung in Jesus Christus gesagt haben, sondern auch dafür, ob und daß sie verstanden werden konnte. Das ist auch der Grund, warum die Bibel in jede nur denkbare Sprache übersetzt werden darf und das Evangelium in jedem Dialekt und jeder kulturellen Form ausgedrückt werden kann und sollte.

Damit ist aber noch nicht gesagt, ob – wenn wir einmal den Missionsbefehl als Ausgangspunkt wählen – die dem Christwerden und der Taufe (Mt 28,18-19) folgende Unterweisung in der Lehre Jesu (Mt 28,20) die Schamorientierung oder die Schuldorientierung verstärken oder korrigieren soll. Aber für die Verkündigung gilt, was Lomen wie folgt zusammenfaßt:

> „Folglich muss mit einem Schuldorientierten zunächst mehr über Schuld gesprochen werden, damit eine Kommunikation in Gang kommen kann, und mit dem Schamorientierten entsprechend über Scham und Schande." (Lomen 16[94])

## Es muß zwischen dem unterschieden werden, was im alttestamentlichen Israel und in der neutestamentlichen Gemeinde historisch geschah und schonungslos berichtet wird, und dem, was die Botschaft bzw. der Wille Gottes war und ist.

Lomen ist zuzustimmen, daß die Bibel „in einem soziokulturellen Kontext verfaßt, gelesen und tradiert" wurde, „der eine deutliche Schamorientierung aufweist" (Lomen 17), was nach seiner eigenen Aussage aber noch nicht bedeutet, „dass ‚die Bibel schamorientiert' sei" (Lomen 17, S. 28)

Das Alte und Neue Testament berichten schonungslos über die Realität nicht nur in der Umwelt des Volkes Gottes, sondern auch der des Volkes Gottes selbst. Das bedeutet aber sehr oft gerade keine Zustimmung, sondern Ablehnung. Der 1. Korintherbrief zeichnet uns ein ehrliches Bild der tatsächlichen Lage in der korinthischen Gemeinde. Doch die paulinische Ethik läßt sich nur aus dem Umgang mit dieser Situation entnehmen, nicht aus der Situation selbst.

Das Alte Testament berichtet beispielsweise ausgiebig über die Vermischung der Religionen in Israel und ist über weite Strecken vom Thema Synkretismus geprägt. In der Geschichte Israels kam es nur selten vor, daß es die Verehrung Gottes in Stiftshütte und Tempel völlig eingestellt wurde. Die Gefahr war vielmehr, daß Israel neben dem Vollzug der Verehrung Jahwes gleichzeitig die Götter und Mächte seiner Umwelt in Gottesdienst und Alltag einziehen ließ. Die theologische und ethische Bewertung des Synkretismus dagegen ist eindeutig ablehnend.

Die Vielehe ist in alttestamentlicher Zeit durchaus breit bezeugt, dennoch geht die Belehrung sehr stark hin zur Reduzierung der Zahl der Frauen bis hin zur Darstellung des Ideals der Einehe – so jedenfalls hat Jesus den alttestamentlichen Schöpfungsbericht verstanden.[95] Im Alten Testament gibt es viele diktatorische Herrscher, auch unter den Königen Israels, die Belehrung aber sieht solche Macht kritisch und kann sogar berichten, daß Gott das Königsamt eigentlich nicht wollte (1Sam 8,4-10).[96] Die Beispiele ließen sich beliebig vermehren.

Deswegen ist Lomen also zuzustimmen, daß aus der gesamten Schrift viel über die Frage des *Umgangs* mit einer Vorherrschaft der Schamorientierung (oder entsprechend auch der Schuldorientierung) zu lernen ist, gleich ob dies missiologisch für den Umgang mit Kulturen oder seelsorgerlich-psychologisch für den Umgang mit dem Einzelnen gilt. Die Frage aber, wie die menschliche Scham und Schuld so recht angewendet wird, daß sie eine liebende und gerechte Lebenswelt fördert, ist damit nicht beantwortet und kann nur aus einer Gesamtschau der biblischen Ethik heraus als Ethik des Liebesgebotes, der Versöhnung und der Gerechtigkeit sowie der Ehre und Heiligkeit Gottes beantwortet werden.

### Die biblischen Begriffe dürfen nicht einfach mit modernen Begriffen gleichgesetzt werden.

In diesem Zusammenhang muß auch der Versuch angesprochen werden, die Frage der Scham- und Schuldorientierung der Bibel statistisch über die Begriffe und Wortfelder zu erheben, wie es Lomen tut, wenn er die Auffassung vertritt, Begriffe für Scham, Ehre usw. kämen im Alten und Neuen Testament häufiger vor, als solche für Schuld, Gerechtigkeit usw. (Lomen 83). Denn erstens geht diese Feststellung daran vorbei, daß die Bibel auch falsche Dinge anspricht und nicht verheimlicht (so ist von Ehebruch häufiger die Rede als von Aufopferung in der Ehe), zweitens übersieht sie, daß die Häufigkeit der Erwähnung keine ethische Bewertung enthält (so kommen die Wörter des Wortfeldes für Sünde häufiger vor als die des Wortfeldes für Liebe) und drittens ist auch noch anzuzweifeln, ob die statistischen Angaben stimmen. Denn Hannes Wiher hat die bisher gründlichste Bestandsaufnahme mit Hilfe der vorhandenen exegetischen Werke vorgenommen (Wiher, Shame 214-215) und kommt zu dem Ergebnis, daß es in der gesamten Bibel 1350 Belege für die Wortfelder für Schuld und Gerechtigkeit gibt, sich dagegen 968 Belege für die Wortfelder für Scham und Ehre finden lassen.

Es sei hier im Übrigen grundsätzlich kritisch angemerkt, daß ich es für problematisch halte, die Frage der Scham- und Schuldorientierung einfach an den Begriffsentsprechungen festzumachen, das heißt die deutsche Begrifflichkeit der modernen Psychologie einfach mit den deutschen Übersetzungen hebräischer und griechischer Begriffe gleichzusetzen. Ob beispielsweise alle Belege zur ‚Ehre Gottes' wirklich unter Schamorientierung fallen, ist durchaus zu hinterfragen.

Oft haben Begriffe wie ‚schändlich' und ‚Scham' auch einfach die Bedeutung von ‚heimlich'. So heißt es in Eph 5,12-13: „Denn was von ihnen heimlich getan wird, davon auch nur zu reden ist schändlich. Das alles aber wird offenbar, wenn's vom Licht aufgedeckt wird." (Luther 1984); und in 2Kor 4,2: „... sondern wir meiden schändliche Heimlichkeit und wir arbeiten nicht mit Hinterlist oder verfälschen Gottes

Wort, sondern durch die Offenbarung der Wahrheit empfehlen wir uns dem Gewissen aller Menschen vor Gott."

Gerade die umfassenden Wortstudien von Klopfenstein werden bisweilen zu einseitig als Beleg für eine Schamorientierung des Alten Testaments angeführt. Philipp Steger führt dagegen Klopfenstein als Beleg dafür an, daß „der Phänomenkomplex ‚Scham' im Alten Testament ein Topos der Rechtssprache und somit im Normativ-Juridischen verwurzelt ist."[97] Klopfenstein schreibt nämlich am Ende zusammenfassend:

> „Die Streitfrage, ob im AT Scham mit Schuld gekoppelt sei oder nicht, ist eindeutig positiv zu beantworten. *bos* und insbesondere *klm* zeigen dies schon von der Wurzel her. Alle analysierten Begriffe aber sind ja, wie wir nachgewiesen haben, Topoi der Rechtssprache und namentlich der prophetischen Gerichtsrede geworden. ... Es bleibt dabei, daß Scham und Schande Schuld anzeigen und insbesondere subjektives Sichschämen Schuldbewußtsein und damit Reue impliziert ... so oder so gilt ‚Scham' und ‚Schande' als Symptom von Schuld ..."[98]

Klopfenstein sieht schon in 1Mose 2,25 „Ambivalenz" des Schambegriffs, denn „Scham ist (subjektiv) Ausdruck von Schuldgefühl; Beschämung ist (objektiv) Ausdruck von aufgedeckter Schuld."[99] Vor allem weist er nach, daß oft nicht vom Schämen die Rede ist, sondern vom Zuschandenwerden, womit ein Gerichtshandeln Gottes gemeint ist.[100]

Das alle soll nicht begründen, daß die biblische Ethik vorrangig schuldorientiert sei, denn für die biblischen Begriffe, die wir für eher schuldorientiert halten, gilt natürlich Entsprechendes. So verbindet die westliche Kultur mit ‚Gerechtigkeit' oft einseitig eine Schuldorientierung. Wenn man aber berücksichtigt, daß ‚Gerechtigkeit' oft für die Bundestreue Gottes steht, wird der Begriff auch stark von Aspekten der Ehre und der Beziehung geprägt.

## 5. DIE KOMPLEMENTARITÄT DER SCHAM- UND SCHULDORIENTIERUNG IN DER HEILIGEN SCHRIFT: THESEN

Vorbemerkung: Da jede schuldorientierte Kultur Elemente einer schamorientierten Kultur enthält und umgekehrt und eine strikte Trennung der beiden Orientierungen unmöglich ist, muß man von ‚Orientierung' sprechen, nicht im absoluten Sinne von Scham- und Schuldkultur.

### Schuld und Schuldgefühle müssen ebenso unterschieden werden, wie Scham und Schamgefühle

Man muß meines Erachtens deutlicher als dies meist geschieht zwischen Schuldgefühlen und Schuld und Scham und Schamgefühlen trennen (s. Z. B. Wiher, Shame 100). Auch wenn dies auch für die Psychologie und die Kulturanthropologie schwieriger ist, zumal wenn sie keine vorgegebenen Offenbarung und Werte als Maßstab akzeptieren, spätestens für die Theologie ist zentral, daß Schuldgefühle und Schamgefühle dem Menschen zwar helfen können, wahre Sünde und Fehler zu erkennen, sie aber nicht automatisch zusammengehören. So kann ein Mensch, der große Schuld und Unehre auf sich geladen hat, ganz ohne Schuld- und Schamgefühle sein, ganz gleich ob er seine Sünde gar nicht sieht, oder sie einsieht und umgekehrt kann ein Mensch von schweren Schuld- oder Schamgefühlen geplagt sein, ohne daß irgendeine berechtigte Ursache oder Sünde vorliegt.

Nirgends im Alten oder Neuen Testament geht es darum, Menschen von Schuld- oder Scham*gefühlen* zu befreien, sondern von wahrer – objektiv nachvollziehbarer – Schuld und Unehre.[101]

## Sünde führt zu Schuld - Sünde führt zu Scham.

Daß Sünde zu Schuld führt ist in der westlichen Theologie so selbstverständlich, daß ich dafür keine biblischen Belege im Einzelnen anführen möchte.

Sünde führt aber nicht nur zu Schuld, sondern auch zu Scham, wie viele Texte unmittelbar deutlich machen, die von einer bösen Tat sprechen und daraus die Notwendigkeit oder die Tatsache des Schämens folgern. Einige Beispiel mögen hier genügen.

**Schande als Folge von Sünde**

Jer 6,15: (= 8,12) „Sie werden mit Schande dastehen, weil sie solche Greuel getrieben haben; aber sie wollen sich nicht schämen und wissen nichts von Scham."
Jer 3,25: „So müssen wir uns in unsere Schande legen, und unsre Schmach muß uns bedecken. Denn wir haben gegen den HErrn, unsern Gott, gesündigt, wir und unsere Väter, von unsrer Jugend an bis heute, und wir haben der Stimme des HErrn, unseres Gottes nicht gehorcht."
Esr 9,6: „Mein Gott, ich schäme mich und scheue mich, meine Augen aufzuheben zu dir, mein Gott; denn unsere Missetat ist über unser Haupt gewachsen, und unsere Schuld ist groß bis an den Himmel."
Hes 36,31-33: „Dann werdet ihr an euren bösen Wandel denken und an euer Tun, das nicht gut war, und werdet euch selbst zuwider sein um eurer Sünde und eures Götzendienstes willen. Nicht um euretwillen tue ich das, spricht Gott der HErr, das sollt ihr wissen, sondern ihr werdet euch schämen müssen und schamrot werden, ihr vom Hause Israel, über euren Wandel. So spricht Gott der HErr: Zu der Zeit, wenn ich euch reinigen werde von allen euren Sünden, will ich die Städte wieder bewohnt sein lassen, und die Trümmer sollen wieder aufgebaut werden." (Luther 1984)
Dan 9,8 „Ja, HErr, wir, unsre Könige, unsre Fürsten und unsre Väter müssen uns schämen, daß wir uns an dir versündigt haben."
Röm 6,20-21: „Denn als ihr Knechte der Sünde wart, wart ihr frei von der Gerechtigkeit. Was hattet ihr denn nun seinerzeit für Frucht? Solche, deren ihr euch jetzt nur schämen könnt, denn ihr Ende ist der Tod."

Überhaupt wird häufiger die Sünde als Schande bezeichnet und löst Scham aus, so in Spr 14,34: „Gerechtigkeit erhöht eine Nation, aber Sünde ist die Schande der Völker", oder in Jer 3,25: „In unserer Schande müssen wir daliegen, und unsere Schmach bedeckt uns! Denn wir haben gegen den HErrn, unsern Gott, gesündigt, wir und unsere Väter, von unserer Jugend an bis auf diesen Tag, und wir haben nicht auf die Stimme des HErrn, unseres Gottes, gehört." (Jer 3,25). Scham ist hier selbstverständlicher Bestandteil der Reaktion auf Sünde, aber die Sünde selbst wird objektivierbar als Ungerechtigkeit bzw. Übertretung des Gesetzes definiert.

Hierher gehört natürlich auch der Sündenfallbericht (Lomen 117-156; vgl. Wiher, Shame 275-276[102]). Die Scham von Adam und Eva über ihre Nacktheit und das Sichverstecken des Menschen vor Gott wird durch das objektive Übertreten des Gebotes Gottes ausgelöst, wobei das Übertreten des Gebotes Ausdruck einer grundsätzlicheren Haltung des Unglaubens Gott gegenüber war.[103] Der Mensch hat seine Ehre und Würde verloren, aber dies objektiv und nicht nur im Angesicht anderer.

Vergebung beendet nicht nur die Schuld, eine Botschaft, die die westliche Theologie immer aus der Heiligen Schrift entnommenhat, sondern beendet auch die Schande. Weil ersteres Allgemeingut der westlichen Theologie ist, soll wieder für zweiteres einige Beispiele angeführt werden.

**Vergebung beendet Schande (Luther 1984)**

Jes 54,4: „Fürchte dich nicht, denn du sollst nicht zuschanden werden; schäme dich nicht, denn du sollst nicht zum Spott werden, sondern du wirst die Schande deiner Jugend vergessen und der Schmach deiner Witwenschaft nicht mehr gedenken."
Zef 3,11-12: „Zur selben Zeit wirst du dich all deiner Taten nicht mehr zu schämen brauchen, mit denen du dich gegen mich empört hast; denn ich will deine stolzen Prahler von dir tun, und du wirst dich nicht mehr überheben auf meinem heiligen Berge. Ich will in dir übrig lassen ein armes und geringes Volk; die werden auf des HErrn Namen trauen."
Hes 16,63: „damit du daran denkst und dich schämst und vor Scham deinen Mund nicht mehr aufzutun wagst, wenn ich dir alles vergeben werde, was du getan hast, spricht Gott der HErr."

**Schuld und Scham müssen sich an dem orientieren, was Gottes Wort für Sünde und was es für Gerechtigkeit und Frieden hält.**

Denn Gott wird durch die Übertretung seines Gesetzes geschändet: „Du rühmst dich des Gesetzes, und schändest Gott durch die Übertretung des Gesetzes?" (Röm 2,23), wie überhaupt im Alten und Neuen Testament Schämen und Schande immer wieder als Folge der Sünde dargestellt werden, während Vergebung der Sünde die Schande beendet.

Die Sünde Gott gegenüber führt als Beeinträchtigung des Rechts Gottes zu Schuld und als Beeinträchtigung der Ehre Gottes zu Scham vor Gott. Nur durch Gottes Gerechtigkeit und Gottes Ehre können die menschliche Gerechtigkeit und Ehre des Menschen wiederhergestellt werden.

So kann das Gesetz, daß definiert, was Gott im Einzelnen als Übertretung seiner Ordnungen ansieht, sowohl Schuld-, als auch Schamempfinden auslösen.

Übrigens ist zu Wihers Sicht, daß die auch in der Bibel anzutreffende Situationsethik in Richtung Schamorientierung weist (Wiher, Shame 335-338) mit Wiher zu unterstreichen, daß das Alte und das Neue Testament eine ausführliche Situationsethik – etwa im Buch der Sprüche – in die grundsätzliche Offenbarungsethik des Gesetzes einbetten.[104]

**Diese Verordnung der Ehre Gottes macht es unmöglich, Aspekte einer Orientierung an Ehre und Unehre aus der christlichen Dogmatik und Ethik auszuklammern!**

Die Bibel ist voll von Aufforderungen, Gott die Ehre zu geben, die ihm zusteht (z. B. 1Chr 16,28; Ps 3,4; 19,2; Lk 12,14). Dabei ist ‚Ehre geben' im letzten Sinn eben ‚Verehrung', das heißt Anbetung, und steht deswegen letztlich nur Gott zu: „Gebt unserm Gott allein die Ehre!" (5Mose 32,3).

Allerdings wird hier sehr schön deutlich, daß die biblische Frage nicht ist, ob wir scham- oder schuldorientiert sind, sondern an wem wir unsere Ehre und unsere Gerechtigkeit ausrichten.

Wer seine Ehre an Menschen als letztem Maßstab ausrichtet, irrt ebenso wie der, der seine Gerechtigkeit an Menschen als letztem Maßstab ausrichtet.

Interessanterweise findet sich hier ein Stück weit die biblische Komplementarität von Scham- und Schuldorientierung auch in den Hauptkonfessionen der Reformation wieder. Während die lutherische Entdeckung vor allem war, daß sich Gerechtigkeit nicht an Menschen ausrichten darf und letztlich nicht von Menschen geschaffen werden kann, sondern ein Geschenk Gottes ist, forderte die Reformierten – ohne Luthers Entdeckung aufzugeben – alles an der Ehre und Herrlichkeit Gottes auszurichten und diese zum höchsten Ziel des Lebens zu machen. Diese Ehre kann der Mensch eben ebensowenig aus sich selbst heraus schaffen, wie die Gerechtigkeit. Durch Gottes Gerechtigkeit kann der Mensch gerecht werden und zu Gott kommen, durch Gottes Ehre und Herrlichkeit kann der Mensch die abgeleitete Herrlichkeit der Kinder Gottes erlangen. Beide gemeinsam führen dazu, daß wir Gemeinschaft und Frieden mit Gott haben können (Röm 5,1).

Ehre Gottes bedeutet eben zum einen, die Orientierung an der eigenen Ehre aufzugeben und sich nicht daran zu orientieren, ob man Ehre bei Menschen hat. Scham soll man vor allem vor Gott haben, nicht vor Menschen. Deswegen werden Menschen kritisiert, die aus Angst vor anderen Menschen nicht das Richtige tun. Der Christ soll sich an Gott orientieren und nicht an der Scham vor Menschen: „Leidet er aber als Christ, so schäme er sich nicht, sondern ehre Gott mit diesem Namen." (1Petr 4,16). Lebensprinzip soll nicht sein: „Was sollen die anderen denken?"

Viele der religiösen Führer Israels erkannten, daß Jesus der Messias, der Retter ist. Aber diese Tatsache war ihnen nicht so wichtig, daß sie dafür die Anerkennung bei den Menschen aufs Spiel gesetzt hätten. „Dennoch aber glaubten auch von den Obersten viele an ihn, doch wegen der Pharisäer bekannten sie ihn nicht, damit sie nicht aus der Synagoge ausgeschlossen würden, denn sie liebten die Ehre bei den Menschen mehr als die Ehre bei Gott" (Joh 12, 42-43). Es geht um eine Grundsatzentscheidung: Geht mir die Ehre Gottes oder die Ehre bei den Menschen vor? Ist mir wichtiger, was die Menschen hier und jetzt über mich denken oder ist mir wichtiger, was Gott im Verborgenen darüber denkt und später auch offenbar machen wird? Für viele Juden stand die Angst vor den Pharisäern und vor der menschlichen Verachtung an oberster Stelle. Sie hatten Angst, aus der Synagoge, ihrer religiösen Heimat, ausgeschlossen zu werden. Aber Jesus verlangt mehr als eine insgeheime Zustimmung: Er möchte echte Umkehr, echte Absage an alles falsche Gehabe und Getue und fordert Hinwendung zu dem alleinigen Gott, den wir fürchten und ehren sollen.

Deswegen kann das Neue Testament ausdrücklich das ‚Schämen' immer wieder als Zurückweichen vor Menschen verurteilen. „Wer sich aber wegen mir und meinen Worte schämt unter dieser abgefallenen und sündigen Generation, wegen dem wird sich auch der Menschensohn schämen, wenn er kommen wird ..." (Mk 8,38 = Lk 9,26) So schreibt etwa Paulus in Röm 1,16 und 2Tim 1,8, daß er sich des Evangeliums nicht schämt, da es im Evangelium um die Kraft Gottes geht und fügt in 2Tim 1,12 hinzu: „Deswegen leide ich das alles, aber ich schäme mich deswegen nicht, denn ich weiß, an wen ich glaube." Paulus wirkte „in Ehre und in Schande" (2Kor 6,8), das heißt unabhängig davon, ob er für das was er im Namen Gottes tat, gerade geehrt oder entehrt wurde.

Die Ehre Gottes wird außerdem beschworen, damit jemand alles offen bekennt und seine Schuld nicht verheimlicht (Jos 7,19). Sünde bringt selbst bei noch so imposantem äußeren Schein keine Ehre vor Gott. So traten die Priester des Tempels König Usija, der auf dem Räucheraltar ein großes Opfer darbringen wollte, mit den Worten entgegen: „Geh aus dem Heiligtum heraus, denn du vergehst dich, und es wird dir vor Gott, dem HErrn, keine Ehre bringen" (2Chr 26,18.).

So zentral ich diese gesamte Thematik als Beleg dafür finde, daß eine Schamorientierung Teil unseres Menschseins ist, so sehr vermisse ich in etlichen missiologischen Veröffentlichungen diese Zuspitzung der Verkündigung des Evangeliums in schamorientierten Kulturen: Vor wem schäme ich mich letztlich, vor Gott oder den Menschen? Und wer kann in letzter Konsequenz meine Ehre wiederherstellen, Gott oder Menschen?

## Keine Selbsterlösung bedeutet: Gerechtigkeit und Ehre können Menschen nicht selbst schaffen.

Selbsterlösung kann je nach kultureller Orientierung dementsprechend sowohl darin zum Ausdruck kommen, daß man als Mensch meint, die notwendige Gerechtigkeit vor Gott selbst erarbeiten zu können, wie auch, daß man meint, die Ehre und Herrlichkeit vor Gott selbst erarbeiten zu können.

Ein sehr schönes Beispiel ist Lomens Hinweis auf das Verdienen der Ehre:

> „Zumindest persönliche Ehre ist somit etwas, das einem Menschen nicht einfach in den Schoß fällt, sondern was er sich in gewissem Sinn verdienen muss. Dies könnte zum Teil den Zusammenhang zwischen Schamorientierung und Selbsterlösung erklären, der von Käser (1997, 165) beobachtet wurde: „Es hat den Anschein, als gehöre zu schamorientierten Gesellschaften eine Religionsform, in deren Theologie *Selbsterlösung* ein zentrales Anliegen ist." (Lomen 70)

Nur ist die Selbsterlösung auf ganz andere Weise gerade auch in schuldorientierten westlichen Kulturen zum Problem geworden. Das muß man an die Adresse derer richten, welche die Schuldorientierung ganz aus dem christlichen Glauben heraushalten wollen. Lomen dagegen will den Schuldgedanken ebenso als biblisch festhalten:

> „Bei Schuld steht, wie bereits beschrieben, die Tat mit ihren Konsequenzen im Vordergrund. Um Schuld zu tilgen, müssen entweder die Konsequenzen getragen werden oder aber es muss Vergebung geschehen. Bei Schuld geht es vorrangig darum, dass eine Person ihre Schuld einsieht und sie bekennt, um sie danach zu bezahlen, für sie bestraft zu werden oder aber vergeben zu bekommen. Wichtige Begriffe sind Sühne, Verurteilung, Wiedergutmachung aber auch Vergebung ..." (Lomen 50-51)

Das aber ist doch gerade eine klassische Beschreibung des alttestamentlichen Judentums und des neutestamentlichen Christentums, wie sie zumindest so allgemein alle großen Konfessionen einschließlich der eher in schamorientierten Kulturen lebenden orthodoxen Kirchen teilen würden. Wer das in Frage stellt, müßte zunächst einmal eine andere Heilslehre systematisch formulieren und erklären, wie sich diese zum exegetischen Befund (etwa zu Psalm 51 oder dem Römerbrief) verhält.

Ähnliches gilt für große Blöcke der christlichen Dogmatik und Ethik. Aufgrund der großen Bedeutung der Torah im Alten Testament, aber auch der zentralen Bedeutung der Gesetzesthematik in der paulinischen Theologie oder den Evangelien, kann man keine christliche Ethik formulieren, ohne die vielschichtige Frage des Gesetzes exegetisch und dogmatisch zu klären. Die Thematik erscheint aber bei fast allen Autoren, die die Schuldorientierung an sich für unbiblisch halten, bestenfalls am Rande. Ihre Sicht des Gesetzes ist meist zu erahnen, aber nirgends formuliert, geschweige denn begründet.

Hinter die Rechtfertigungslehre gibt es für mich kein Zurück, nur darf all das nicht dazu führen, daß andere Aspekte der Heiligen Schrift damit erschlagen werden. Es geht um den „ganzen Ratschluß Gottes“ (Apg 20,27) und dieser umfaßt mehr als nur die Wiederherstellung der Gerechtigkeit durch die Rechtfertigung.

## Der Mittler ist Richter.

Neben der Ehre wollen wir als nächstes den Begriff des Mittlers und das biblisches Bundesdenken als Beispiele wählen. Lomens Berufung darauf, daß Christus ‚Mittler' sei und der Mittler ja Kennzeichen einer schamorientierten Kultur sei (Lomen 71-72; vgl. Wiher, Shame 199+328), argumentiert rein mit einem Begriff, geht aber an der Füllung dieses Begriffes im Neuen Testament meines Erachtens nicht weit genug. In der schamorientierten Kultur hat der Mittler die Aufgabe, eine Wiedergutmachung ohne Ehrverlust auszuhandeln. Der Täter braucht nicht selbst in Erscheinung zu treten.

Jesus Christus ist sicher *auch* ein Mittler im Sinne der Schamorientierung! Wir können nicht selbst vor Gott treten, weil Gott oder wir sonst das Gesicht verlören, und erst nachdem die Mittlertätigkeit Jesu geschehen ist, können wir in Ehre wieder vor Gott treten.

Aber das neutestamentliche Mittleramt ist zugleich untrennbar mit dem Stellvertreteramt verbunden, durch das Gottes heiligem Gesetz Genüge getan und unsere Schuld gesühnt wird. Wir würden vor Gott nicht nur aus Schande, sondern auch wegen unserer Schuld vergehen (Z. B. Jes 6,1-3). Christus als der Unschuldige vertritt uns vor Gott und nimmt die Schuld und die Unehre auf sich.

Von zentraler Bedeutung ist auch, daß der Mittler Jesus Christus zugleich der Weltenrichter ist, wobei überhaupt die ganze neutestamentliche Lehre vom Endgericht eine massive Schuldorientierung zur Folge hat. Denn es geht gerade darum, daß es einen für alle und alles geltenden endgültigen und gemeinsamen Maßstab gibt und daß dann alles Verborgene aufgedeckt wird und der objektive Tatbestand die Grundlage für das Urteil eines unbestechlichen Richters darstellt.

Nichts davon wird Lomen in Frage stellen, mir kommt es nur darauf an, daß der Mittlergedanke der Bibel gerade die Scham- und die Schuldorientierung umfaßt. Das verbietet natürlich nicht, in einer schamorientierten Kultur zunächst an dem Mittlergedanken dieser Kultur anzuknüpfen, in einer schuldorientierten Kultur dagegen an deren Stellvertretergedanken.

## Gemeinschaftsorientierung = Schamorientierung = Bundesdenken?

Lomen und zu einem Teil auch Wiher (Wiher, Shame 197-200; vgl. 201-211) sehen – zugegebenermaßen im Einklang mit Ethnologie und Psychologie - Gruppenbewußtsein fast in eins mit Schamorientierung, als wenn Schuldorientierung nicht auch Sache von Gruppen und Institutionen sein könne und wäre und als wenn eine schuldorientierte Gerechtigkeit nicht gerade auch eine Sozialethik enthielte.

„Schamorientierung und Gruppenorientierung sind bei näherer Beschäftigung zwei tief miteinander verwobene Lebensweisen und können nahezu als zwei Seiten derselben Münze betrachtet werden“ (Lomen 59; vgl. 59-68)

Jerome Kagan etwa hält Scham für eine Frage der Kleingruppe, Schuld für eine Sache der anonymen Großstadt.[105] Dem widerspricht aber, daß es sehr schuldorientierte Familien ebenso geben kann, wie schamorientierte Großstädter. Die jeweilige Orientierung prägt doch alle Beziehungen, die kleinen, wie die großen. Auch die Schuldorientierung mit ihrer Betonung von Recht und Gesetz kennt eine umfangreiche Regelung der Gruppenbeziehungen untereinander.

Wenn Lomen schreibt: „Müller lokalisiert, meines Erachtens zu Recht, Scham wegen der Prestigefrage auf einer ‚Beziehungsschiene' und Schuld mehr auf einer ‚Sachschiene' (Müller 1996, 104).“ (Lomen 43), so muß man sofort hinzufügen, daß die ‚Sachschiene' aber ganz maßgeblich Gedanken dazu enthält, wie Menschen in Beziehungen miteinander umgehen.

Für sehr wichtig halte ich hier, das alt- und neutestamentliche Bundesdenken nicht einfach mit Gruppendenken gleichzusetzen. Gerade der Bund ist komplementär von der Scham- und der Schuldorientierung bestimmt, wie besonders Wiher deutlich gezeigt hat (Wiher, Shame, 200 u. ö.). Beziehungs- und Sachebene werden hier im biblischen Denken eins. Im Bund mit Gott werden die grundlegenden Beziehungen von einem höchsten Richter und seinem über allem stehenden Gesetz (torah) bestimmt. Die Zehn Gebote als Bundesdokument schlechthin[106] werden von der Beziehung zwischen Gott und seinem Volk bestimmt, gelten aber gerade auch Bundesverfassung mit Recht und definierenden Ge- und Verboten.[107]

Das bedeutet aber gerade auch: Der Einzelne kann das Gesetz gegen die Gemeinschaft anrufen und der Mächtigste in der Gemeinschaft untersteht trotzdem dem Gesetz wie alle anderen auch. Es gibt kein Ansehen der Person.[108] Und dennoch bedeutet dieses biblische Grundgesetz nicht die Auflösung der Gruppe (der Bundesgemeinschaft) zugunsten des Individuums, daß dauernd gegen die Gruppe klagt, sondern die Inkraftsetzung der Gruppe (des Bundes).

Die entscheidende Frage ist dabei, was im Konfliktfalle den Ausschlag gibt: Die Meinung der Gruppe oder ein höheres Gesetz. Während die schamorientierte Gruppenorientierung nach Lomen bedeutet:

> „Zusammen mit der eigenen Identität und allgemeinen Meinungsbildung, ist somit auch Ethik für das gruppenorientierte Individuum keine ‚private' Angelegenheit, sondern wird von der Gruppe bestimmt. Das ‚ethische' Prinzip, das dabei grundsätzlich immer gültig bleibt, ist die Verpflichtung zur Loyalität gegenüber der eigenen Gruppe, selbst wenn dabei andere Werte geopfert werden müssen: ‚Moral unter Kollektivisten ist stärker kontextbezogen und der höchste Wert ist das Wohlergehen der Gruppe.' (Triandis 1995, 77). Daraus resultiert ein Verhalten, das man im Volksmund ‚Vetternwirtschaft' nennt und in der Kulturanthropologie als ‚Tribalismus' bezeichnet (Käser 1997, 151)." (Lomen 67),

gilt in der Heiligen Schrift, daß unter Berufung auf Gottes Willen jeder aus dem Konsens der Gemeinschaft ausscheren kann: „Man muß Gott mehr gehorchen als den Menschen." (Apg 5,29). Deswegen steht die Nachfolge Jesu höher als Eltern und Familie (Mt 10,35+37; 19,29; Mk 10,29; Lk 12,53; 14,26).

Ich würde an dieser Stelle gerne einen anderen Gedanken einbringen: Ohne ‚Gruppenorientierung' gibt es biblisches Denken nicht. Die Bibel sieht nirgends den Menschen als Einzelwesen, das ohne die Einordnung in verschiedene Bundesbeziehungen wie Ehe, Großfamilie, Arbeitsverhältnisse, Gemeinde oder Staat existieren könnte. Die entscheidende Frage ist aber wieder: Ist Gott Teil dieser ‚Gruppe', dieses Bundes, und bedeutet deswegen Orientierung am größeren Ganzen Orientierung an ihm? Oder sind Menschen die letzte Instanz der Gruppe?

Wenn Lomen etwa zu Recht die neutestamentliche Gemeinde als Kollektiv und damit als schamorientiert ansieht (Lomen 79), so muß man darauf verweisen, daß im Neuen Testament nirgends die Gemeinde die Aufgabe hat, eine eigene Gruppenethik zu entwickeln, sondern das ‚Wort Gottes' – sei es als das Wort von Aposteln und Propheten und/oder in schriftlicher Form - ihr höherer Maßstab ist. In der zentralen paulinischen Aussage in Röm 12,2 gewinnen Christen ihre Ethik nicht durch Anpassung an die Umwelt, sondern durch eine fortlaufende vernünftige Prüfung des Guten. Dementsprechend will Paulus in Röm 14-15, daß die abweichende Auffassung der Schwachen nicht durch Druck der Gemeinde/Gruppe und durch Anpassung an die Mehrheit der Starken ausgemerzt wird, sondern die Schwachen nur dann ihre Position wechseln sollen, wenn dies durch echte Überzeugung geschieht („aus Glauben“, Röm 14,23), wobei Paulus allerdings sehr direkt vernünftige Argumente für diese Überzeugung liefert. Gemeinde Jesu formt das Gewissen ihrer Mitglieder nicht durch Druck und Anpassung, sondern aufgrund objektiver, höherer und vernünftig nachvollziehbarer Werte und gibt deswegen viel Spielraum für Menschen mit abweichenden Auffassungen.

Leider setzen viele Gemeinden zu sehr auf einen Gruppendruck mit Schuld- und Schamgefühlen, in denen letztlich die Ehre der Gemeinde oder Gemeindeleitung als beleidigt gilt, statt konsequent die Orientierung an Gott und seinem Willen an erste Stelle zu setzen. Ziel aller Gemeindeglieder ist die Ehre Gottes und nur um ihretwillen kann es um die Ehre der Gemeindeleitung gehen. Und die Gerechtigkeit der Gemeinde ist eben nicht ihre eigene, sondern die von Gott gestiftete.

Kinder sollten von christlichen Eltern und in der Gemeinde weder mit den Worten „Was sollen die Leute denken?“ erzogen werden, noch mit „Mach’ Dir nichts draus, was die Leute denken!“, sondern die Frage stellen, was Gott über unser Denken und Tun denkt. Diese Orientierung an Gottes Ehre und Gerechtigkeit stellt Gott gerade nicht über den Individualismus sicher, sondern durch die verpflichtende Bundesgemeinschaft der Gemeinde.

## Gemeinschaftsorientierung bedeutet nicht automatisch Schamorientierung.

„Die wichtigste Gemeinsamkeit der drei alttestamentlichen Hauptbegriffe für ‚Sünde‘ besteht darin, daß in allen Fällen ein *Gemeinschaftsverhältnis* (insbesondere zwischen Gott und Mensch) - sei es als *Gegebenheit* oder als

*Ziel* - vorausgesetzt ist, das der Mensch durch die Sünde *verletzt*. Wenn ‚Gerechtigkeit' im Alten Testament als ‚gemeinschaftsgemäßes Verhalten' zu verstehen ist, so ist ‚Sünde' das Gegenteil: *gemeinschaftswidriges* Verhalten. Dieses Moment steht im Vordergrund, nicht die Übertretung einer vorgegebenen Norm oder eines Gebotes, auch nicht die Schuldhaftigkeit. Die Verletzung der Gemeinschaft ist dabei eher Anlaß zur *Klage* als zur Anklage oder zum Vorwurf."[109]

Lomens Kommentar dazu lautet:

> „Aus Härles Beschreibung ist ersichtlich, dass es sich bei der alttestamentlichen Gesellschaft um eine scham- und gruppenorientierte Gesellschaft handelte. Dafür sprechen folgende drei Überlegungen.
> Erstens kann aus Härles Bezeichnung der Sünde als ‚gemeinschaftswidriges Verhalten' aufgrund dessen, was unter ‚*Ethik in der scham- und gruppenorientierten Gesellschaft*' (3.1.5) dargelegt, gefolgert werden, dass es sich bei der alttestamentlichen Gesellschaft um eine gruppenorientierte Gesellschaft gehandelt haben muss.
> Zweitens weist die Feststellung, dass Sünde im Alten Testament vorrangig ein ‚Gemeinschaftsverhältnis (...) verletzt,' darauf hin, dass die Israeliten ihr Fehlverhalten überwiegend auf der Beziehungsebene und nicht auf der Sachebene lokalisiert haben ...
> Drittens fällt auf, dass Härle mit Piers und Singer (1971) im Einklang steht, wenn er ‚Übertretung einer Norm oder eines Gesetzes' und ‚Schuldhaftigkeit' in Zusammenhang miteinander sieht (vgl. 2.3.). Das Entscheidende dabei ist jedoch seine Feststellung, dass beide nicht im Vordergrund des alttestamentlichen Sündenverständnisses standen. Damit liefert seine Untersuchung ein weiteres Indiz dafür, dass es sich bei der alttestamentlichen Gesellschaft primär um eine schamorientierte Gesellschaft gehandelt hat." (Lomen 110)[110]

Hier wird ein falscher Gegensatz aufgebaut. Selbstverständlich ist die biblische Ethik personale Ethik und ihr Grundgebot lautet Gott und den Nächsten zu lieben, nicht irgendwelche Werte, Prinzipien und Richtigkeiten. Aber gerade dieses gemeinschaftsorientierte Leben bedeutet doch, klare Spielregeln im Umgang miteinander zu beachten. Das gemeinschaftsschädigende Verhalten ist in der Bibel gerade keine subjektive oder gefühlsmäßige Größe, sondern wird vom Bundesrecht vorgegeben. „Wenn ihr mich liebt, werdet ihr meine Gebote halten“ (Joh 14,15) heißt es so und ähnlich immer wieder und auch im Verhältnis zum Nächsten wird die Liebe an die Gebote gekoppelt: „Seid niemand irgend etwas schuldig, außer einander zu lieben, denn wer den anderen liebt, hat das Gesetz erfüllt. Denn das ‚Du sollst nicht ehebrechen, du sollst nicht töten, du sollst nicht stehlen, du sollst nicht begehren', und wenn es irgendein anderes Gebot gibt, wird es in diesem Wort zusammengefaßt: ‚Du sollst deinen Nächsten lieben wie dich selbst'. Die Liebe tut dem Nächsten nichts Böses. Also ist die Liebe die Erfüllung des Gesetzes“ (Röm 13,8-10).[111]

Oder anders gesagt: Das Liebesgebot bedeutet gerade die perfekte, komplementäre Verbindung von Scham- und Schuldorientierung. Das Liebesgebot zielt ebenso gegen die Schande wie gegen die Ungerechtigkeit. Es betont die Beziehung ebenso wie das Recht. Wo immer vom Liebesgebot die Rede ist, geht es doch darum, die Beziehung zu Gott und den Menschen und die konkreten – gegebenenfalls vor Gericht überprüfbaren – Ordnungen nicht auseinanderzureißen, sondern zusammenzuführen.

Härle vertritt eine bestimmte dogmatische Schulrichtung, die Sünde abweichend von der vorreformatorischen, reformatorischen und klassischen Tradition nicht von der Übertretung des Gesetzes her versteht. Es ist sehr zu bezweifeln, daß Lomen als evangelikaler Theologe dem zustimmen kann, was Härle im Einzelnen zur Sünde ausführt.[112] Vielmehr scheint er nur das Zitat zu verwenden, nicht aber Härles theologische Richtung. Sünde ist für Härle nämlich, daß der Mensch seine kreatürliche Angst nicht annimmt und akzeptiert, sondern sie loswerden will.[113] Der Sündenfall wird nicht als historisch angesehen, der Teufel ist kein Bestandteil des Sündenfalls, wie überhaupt offen bleiben muß, inwieweit es sich um eine personale Größe handelt.[114] Jedenfalls wage ich zu behaupten, daß Härle keinen exegetisch begründeten jüdisch-altestamentlichen und neutestamentlichen Sündenbegriff erhebt, sondern seinen psychologisch geprägten und ‚modernen' Sündenbegriff voraussetzt.[115] Im Übrigen ist aber auch Härle der Gedanke fremd, daß die menschliche Gemeinschaft bestimmt, was Sünde ist und was nicht. Alles wird von der Beziehung zu der Gemeinschaft mit Gott her bestimmt und gerade nicht durch die Vorgabe der menschlichen Gemeinschaft.

## Individualismus und Kollektivismus

Viele Probleme entstehen dort, wo man Dinge gegeneinanderstellt, die Gott in seinem Wort aufeinander bezieht. Dies gilt auch für Individualismus und Kollektivismus. Der Individualismus sieht das Individuum, den einzelnen Menschen, als den wichtigsten Maßstab an und glaubt, daß sich alles an den Bedürfnissen und Wünschen des Einzelnen auszurichten habe. Dies ist etwa die Botschaft des politischen Liberalismus. Der Kollektivismus dagegen sieht die Gemeinschaft (der Kirche, des Staates usw.) als den wichtigsten Maßstab an und glaubt, daß sich alle privaten Bedürfnisse dem Wohl der Gemeinschaft unterzuordnen haben. Ganz deutlich wird dies etwa im Kommunismus oder in der nationalsozialistischen Parole: ‚Du bist nichts, dein Volk ist alles'.

In der Bibel wird diese Gegenüberstellung dadurch überwunden, daß weder der Einzelne noch die Gesellschaft der Maßstab und das Ziel des menschlichen Lebens sind, sondern der dreieinige Gott und seine Verherrlichung, wie etwa Calvin in seinem Hauptwerk feststellt, daß echte Selbsterkenntnis nur durch echte Gotteserkenntnis möglich ist und umgekehrt.[116]

Gott ist es nun, der in seinem Wort der Einzelpersönlichkeit ebenso große Bedeutung beimißt wie der Gemeinschaft, allerdings nicht nur einer Gemeinschaft, sondern der Gemeinschaft in verschiedenen von Gott gestifteten Bünden, etwa im Zusammenleben und Zusammenarbeiten in Familie, Kirche, Arbeit und Staat. Der Schutz des Einzelnen wie der Schutz der Gemeinschaft werden beide gleichermaßen bedacht und durch die Gebote Gottes geregelt. Nur aus den Geboten Gottes können wir erfahren, in welchem Fall welcher Bereich Vorfahrt hat.

Francis Schaeffer hat deutlich gemacht, daß die Überwindung der Spannung zwischen dem Einen und den Vielen, die ein zentrales und ungelöstes Problem der gesamten Philosophiegeschichte darstellt, in der Bibel in der Dreieinigkeit abschließend gelöst wird.

„Es gibt zwei Probleme, die stets da sind – die Notwendigkeit der Einheit und die Notwendigkeit der Vielfalt.“[117] „Die Trinitätslehre besagt vielmehr, daß Einheit und Vielfalt Gott selbst ist – drei Personen, aber ein Gott. Das und nichts weniger, ist Trinität. Wir müssen dankbar anerkennen, daß unsere christlichen Vorväter im 5. Jahrhundert dies sehr gut verstanden, als sie die drei Personen der Dreieinigkeit betonten, in Übereinstimmung mit den klaren Aussagen der Bibel. Beachten wir, daß sie nicht die Trinität erfanden, um eine Antwort auf die philosophischen Fragen zu geben, die die Griechen jener Zeit sehr gut verstanden. Ganz im Gegenteil. Das Problem von Einheit und Vielfalt war da, und sie erkannten, daß sie in der Dreieinigkeit, wie sie in der Bibel gelehrt worden war, eine Antwort besaßen, die sonst keiner hatte. ... Machen wir uns noch einmal klar, daß dies nicht die beste, sondern die einzige Antwort ist. Kein Mensch, keine Philosophie, hat je Einheit und Vielfalt erklären können.“[118]

Rousas Rushdoony, wie Schaeffer Schüler des reformierten Apologetikers Cornelius Van Til, vertritt ebenfalls in seinem Aufsatz „The One and the Many“[119], daß weder die Einheit noch die Vielfalt die letztendliche Instanz sind, sondern in der Trinität beide gleichermaßen nebeneinander stehen. Wird die Einheit überbetont oder alleine betont, ist das Ergebnis für Rushdoony wie im Islam die Tendenz zum Zwang und zur sozialistischen Verstaatlichung aller Bereiche, wird die Vielfalt überbetont oder absolut gesetzt, droht der Anarchismus.[120] Wesley A. Roberts schreibt über Van Til: „Er unterscheidet zwischen dem Ewigen Eins-und-Vielen und dem zeitlichen Eins-und-Vielen. In Gott sind Einheit und Pluralität beide letztgültig und ewig. Die Einheit wird nicht der Pluralität, die Pluralität nicht der Einheit geopfert.“[121]

Auf diesem Hintergrund ist auch die Frage nach der Selbstliebe in dem Satz „du sollst deinen Nächsten lieben wie dich selbst“ zu klären. Einige verstehen diesen Satz – meist mit Hilfe psychologischer Überlegungen – als generelle Aufforderung, daß man sich zunächst selbst lieben müsse, bevor man andere lieben könne. Andere sehen jede Selbstliebe als das Ende der von Jesus geforderten Selbstverleugnung (Mt 16,24; Mk 8,34; Lk 9,23) an und verstehen das „wie dich selbst“ als Zugeständnis an den leider immer vorhandenen Egoismus[122].

Nimmt man die Gebote Gottes hinzu, sieht man, daß beide Seiten gleichermaßen Recht wie Unrecht haben. Wenn Gott uns geboten hat, uns um uns selbst zu kümmern und uns selbst Freude zu schaffen, kann an diesen Stellen keine prinzipielle Selbstverleugnung gefordert sein. Wenn Gott uns aufträgt, unseren Lebensunterhalt zu verdienen oder uns am Essen zu erfreuen, kann ein solcher Einsatz für uns selbst nicht falsch sein. Wo Gott uns aber aufträgt, die Interessen anderer über unsere eigenen zu stellen, können psychologische Theorien Gottes Willen nicht aufheben. Die Bibel spielt den Einzelnen und die Gesellschaft und die eigenen Interessen und die Interessen der Allgemeinheit nicht gegeneinander aus. Sie ist weder individualistisch noch sozialistisch. Sie wahrt die Privatsphäre des Einzelnen ebenso, wie sie keinen von der sozialen Verantwortung ausnimmt.

Auch die berühmte Goldene Regel Jesu in Mt 7,12 verbindet die Selbstliebe und das Leben für andere untrennbar miteinander: „Alles, was ihr wollt, daß euch die Menschen tun sollen, das tut ihr ihnen auch! Denn darin besteht das Gesetz und die Propheten."

Die Bibel kann selbst das höchste Ziel des Menschen, nämlich ewiges Leben zu erlangen und in ewiger Gemeinschaft mit Gott zu leben, in doppelter Weise begründen. Einerseits wird damit Gott an die erste Stelle gesetzt und der Mensch ordnet sich demütig Gottes Willen unter: Der Mensch wird Gott ewig als seinen Herrn und Erlöser preisen. Andererseits ist dies aber zugleich das Beste, was ein Mensch für sich selbst tun kann. Deswegen begründet die Bibel ein Leben nach dem Willen Gottes ohne Hemmungen mit dem Nutzen, den der Mensch davon in Ewigkeit haben wird. Die ewige Gemeinschaft mit dem dreieinigen Gott ist die höchste Vollendung der Liebe zu Gott, der Liebe zu anderen und der wahren Liebe des eigenen Lebens, also dem Wunsch, das Beste aus dem eigenen Leben zu machen. Wilhelm Lütgert hat das treffend formuliert:

> „Wenn durch die Liebe zu Gott aus dem Selbsterhaltungstrieb die Selbstsucht ausgeschieden wird, so wird er zu Selbstliebe. ... Selbstsucht ist nicht Selbstliebe. Der

selbstsüchtige Mensch liebt überhaupt nicht, auch nicht sich selbst.“[123]

Die berufliche Arbeit ist ein gutes Beispiel für die doppelte Ausrichtung der Liebe. Arbeit ist nämlich immer zugleich Arbeit für den Arbeitenden und Arbeit für andere.

> „Es wird im Neuen Testament nicht verkannt, daß die Arbeit der Lebenserhaltung dienen soll (Eph 4,28; 1Thess 4,11; 2Thess 3,8 und 12). Aber auch nach dieser Seite ist der Ertrag nicht bloß für den bestimmt, der sie leistet.“[124]

Auch der Ertrag der Arbeit dient sowohl dem eigenen Lebensunterhalt als auch anderen (z. B. der Familie, den Armen, der Kirche und dem Staat). Zum anderen geht aber auch der Ertrag der Arbeit nicht einfach nur an den Arbeitenden. Paulus schreibt: „Den Reichen in dieser Welt gebiete, daß sie nicht stolz sein sollen, noch ihre Hoffnung auf die Ungewißheit des Reichtums setzen sollen, sondern auf Gott, der uns alles reichlich darreicht, um es zu genießen, und daß sie Gutes tun, reich an guten Werken, freigebig und behilflich sein sollen, um sich selbst eine gute Grundlage für die Zukunft sammeln, um das wirkliche Leben zu ergreifen“ (1Tim 6,17-19). Reichtum soll hier also sowohl dem eigenen Genuß, als auch anderen dienen, wobei letzteres im Himmel auch dem Geber selbst wieder zugute kommt. John Stott nennt dies „Das biblische Prinzip der Gegenseitigkeit“[125].

Wir haben an dieser Stelle (wieder einmal) zwei Seiten zu berücksichtigen. Einerseits geschieht Arbeit zur eigenen Versorgung, andererseits dient Arbeit anderen, sei es, weil die Arbeit direkt für sie geschieht (zum Beispiel die Arbeit des Busfahrers), sei es, daß ihnen das Ergebnis der Arbeit etwas nützt (z. B. der gebaute Kinderwagen), sei es, daß der Arbeitende anderen etwas von seinem Lohn weitergibt (z. B. Lebensunterhalt für seine Familie). Diese beiden Seiten dürfen nie gegeneinander ausgespielt werden. So schreibt ein säkularer Wirtschaftswissenschaftler, der die biblischen Zusammenhänge besser verstanden zu haben scheint als mancher Christ:

> „Der Glaube, daß das Glück der anderen am Ende auch einem selbst nützt, findet nur schwer den Weg zum

menschlichen Herzen. Jedoch ist dies die Goldene Regel der Wirtschaft, der Schlüssel zu Frieden und Wohlstand und eine Voraussetzung für den Fortschritt."[126]

Anders Nygren hat in seinem berühmten Werk ‚Eros und Agape'[127] vertreten, daß die Griechen nur den ‚Eros' kannten und ‚Eros' mit Selbstliebe zu vergleichen sei. Die neutestamentliche Agape sei dagegen völlig auf Gott und den Nächsten bezogen. Sicher gibt es den Unterschied zwischen egoistischer und schenkender Liebe, aber er läßt sich nicht an den Worten für ‚Liebe' festmachen[128]. Die zentrale Aussage von Nygren: „Agape kennt überhaupt keine berechtigte Selbstliebe"[129] ist überzogen, wie wir gesehen haben. Wer Gott über alles stellt und ihn über alles liebt, wird nicht nur das Leben anderer bewahren, sondern auch sein eigenes.

Jay Adams[130] und Wolfgang Bühne[131] haben die Sicht vertreten, daß Selbstliebe prinzipiell falsch sei und sich damit vor allem gegen Walter Trobisch[132] und James Dobson[133] gewandt, der meinte, lieben könne nur, wer sich selbst liebe. Enthält also das Gebot der Nächstenliebe zwei (liebe Gott und den Nächsten) oder drei Gebote (liebe Gott, den Nächsten und dich selbst)?[134]

Sicher ist die Kritik Adams an den Lehren von Robert Schuller berechtigt,[135] der aus der notwendigen Selbstliebe schließt, daß Buße und Einsicht in die eigene Sündhaftigkeit den Menschen zerstören und die Reformation ein Fehler war, weil sie den Menschen erzählte, sie seien Sünder. Aber ein solches Extrembeispiel bedeutet ja nicht, daß man sich selbst hassen müsse. Auch Eph 5,28-29 wird m. E. zu Unrecht bemüht[136], heißt es dort doch „wer seine Frau liebt, liebt sich selbst" (Eph 5,29), was also nicht ausschließt, an sich selbst zu denken, sondern deutlich macht, daß andere zu lieben oft für einen selbst das Beste ist. Es ist ja auch richtig, daß man nach 2Tim 3,2 nicht „viel von sich halten" soll137, aber – wie wir in der Auslegung zu Röm 12,3-8 sehen – ist es ebenso falsch, sich selbst gabenmäßig zu überschätzen, wie es falsch ist sich zu unterschätzen.

Wenn Jesus zur Selbstverleugnung aufruft und dabei auffordert, das Kreuz auf sich zu nehmen, meint er keine psychologische Größe – etwa Selbstverachtung oder fehlendes Selbstbewußtsein –, sondern schlicht und einfach die Bereitschaft zum Martyrium: „Wenn jemand mir nachfolgen will, der verleugne sich selbst und nehme sein Kreuz auf sich und folge mir nach. Denn wenn jemand sein Leben erretten will, wird er es verlieren. Wenn aber jemand sein Leben um meinetwillen verliert, der wird es finden“ (Mt 16,24-25). Denn dieser Abschnitt stammt aus der ersten großen Martyriumsrede Jesu in Mt 10,16-42. Die Begriffe ‚Kreuz' und ‚Verfolgung' sind fast identisch geworden![138]

Selbstverleugnung bedeutet, Gott prinzipiell und ausnahmslos an die erste Stelle zu setzen. Selbstverleugnung bedeutet aber nicht automatisch, jeden anderen Menschen an die erste Stelle zu setzen. Denn aus der Unterordnung unter Gott ergibt sich erst der richtige Umgang mit anderen Menschen.

Sein Leben für andere zu geben ist in dieser Welt die höchste Form der Liebe. Jesus lehrt dies eindeutig: „Dies ist mein Gebot, daß ihr euch untereinander liebt, wie ich euch geliebt habe. Denn niemand hat eine größere Liebe als wenn er sein Leben für seine Freunde hingibt“ (Joh 15,12-13). Deswegen wird die Liebe der Christen immer wieder an dem größten Liebesopfer Jesu, am Kreuz, ausgerichtet: „Wandelt in Liebe, wie auch Christus euch geliebt und sich selbst für uns als Gabe und Opfer gegeben hat“ (Eph 5,2). Deswegen soll auch der Ehemann bereit sein, sein Leben für seine Frau zu lassen, eine Absage an alle Vorstellungen des ‚Hauptseins' des Mannes, die darin vor allem die Kommandogewalt des Mannes sehen wollen: „Ihr Männer, liebt eure Frauen, wie auch Christus die Gemeinde geliebt und sich selbst für sie dahingegeben hat“ (Eph 5,25).

## Ansehen der Person und Menschenrechte

Auch wenn das christliche Abendland selbst genügend Beispiele dafür aufzuweisen hat, welche Rolle das – meist aus Schamorientierung geborene - Ansehen der Person hat und sich kein Christ und keine Kirche davon freisprechen kann: Die Botschaft des Alten und des Neuen Testamentes, daß Gott kein Ansehen der Person kennt und dies insbesondere für Politik und Gerichtsbarkeit und für die Kirche Jesu gelten muß, hat das Abendland zutiefst geprägt.

Dieser Grundsatz wird normalerweise aus der Vorordnung einer Schuld- und Rechtsorientierung zu verstehen sein. Wenn man schamorientiert denkt, kann man denselben Grundsatz auch anders verstehen: Ehre gebührt Gott und nicht den Menschen.

Jedes Ansehen der Person in der Gemeinde aufgrund von kulturellen, wirtschaftlichen und anderen Gesichtspunkten widerspricht dem Wesen Gottes und des christlichen Glaubens. Gott kennt kein Ansehen der Person, weswegen nicht nur das staatliche Gericht die Person nicht ansehen darf (5Mose 1,17; 10,17-18; 16,18-20; 2Chr 19,7; Spr 18,5; 24,23; Hiob 13,10; Jes 3,9), sondern auch die neutestamentliche Gemeinde jedes Ansehen der Person verwirft (Kol 3,25; Eph 6,9; Jak 2,1-12). Jakobus schreibt: „Meine Geschwister, haltet den Glauben Jesu Christi, unseres Herrn der Herrlichkeit, von jedem Ansehen der Person frei! ... Wenn ihr wirklich das königliche Gesetz ‚Du sollst deinen Nächsten lieben wie dich selbst' nach der Schrift erfüllt, so tut ihr recht. Wenn ihr aber die Person anseht, so begeht ihr Sünde und werdet vom Gesetz als Übertreter überführt. ... Redet so und handelt so wie solche, die durch das Gesetz der Freiheit gerichtet werden sollen" (Jak 2,1+8+9+12).

Im Zusammenhang mit dem Ansehen der Person ist auch das Thema Korruption zu nennen. Lomen hält es für ein Fehlurteil, schamorientierte Gesellschaften wegen der verbreiteten Korruption moralisch zu kritisieren (Lomen 68). Nun ist tatsächlich ein enger Zusammenhang zwischen alltäglicher Korruption und Schamorientierung zu beobachten (Wiher, Shame 359-361).[139] Doch fehlt bei Lomen die exegetische und ethische Begründung, wie mit der im biblischen Gottesbild verankerten und breit angelegten Verurteilung von Bestechlichkeit vor Gericht und Amtsmißbrauch dann umzugehen ist.

Ist es nicht doch eine Folge der christlichen Beeinflussung des Abendlandes, daß hier speziell in protestantischen Gebieten Korruption zwar unterschwellig vorhanden ist, aber nicht die Gesellschaft in ihrer Grundstruktur bestimmt und in den meisten Fällen vor Gericht gebracht und verurteilt werden kann? Das man solche Urteile nicht mit westlichem Überlegenheitsgefühl äußern und einen wachen Blick für die Fehler westlicher Kulturen behalten soll, ist selbstverständlich.[140]

Vom Verwerfen des Ansehens der Person her ist zusammen mit der für jeden gleichen Würde als geschaffenem Ebenbild Gottes auch der Gedanke der Menschenrechte zu verstehen. Ich habe andernorts die These vertreten, daß der Gedanke der Menschenrechte, wenn auch formal spät von der christlichen Ethik und den Kirchen rezipiert, aus jüdisch-christlichen Wurzeln stammt. Daß dem Menschen seine Würde und seine Rechte nicht von einer Gruppe (Familie, Staat usw.) zugesprochen wird, sondern alle menschlichen Institutionen die Würde des Menschen vorfinden, ist aber gerade das Herz des Menschenrechtsgedankens.

Ist aber der Gedanke der Menschenwürde oder etwa der Einsatz christlicher Ethiker für das Lebensrecht Schwerstkranker[141] wegen seines inhärenten Individualismus wirklich ein Abfall von biblischen Werten? Soll das Lebensrecht dieser Menschen in Zukunft schamorientiert entschieden werden – viele der Betroffenen (sofern bei Bewußtsein) schämen sich ja tatsächlich und haben das Empfinden, ihren Verwandten und der Gesellschaft unnötig zur Last zu fallen – oder nach transzendenten, über allen stehenden Normen?

Ich halte dieses Beispiel für ein Musterbeispiel dafür, daß das Wissen um die Schamorientierung dem christlichen Seelsorger und Ethiker gewichtige Hilfestellung geben kann und deswegen das psychologische Wissen um die Scham selbstverständlicher Bestandteil aller Überlegungen sein sollte. Nur bedarf die Schamorientierung einer gesunden Unterordnung unter höhere Werte.

Es stellt sich aber hier die Frage – diese Anregung verdanke ich Hannes Wiher – ob Menschenwürde nicht die schamorientierte Seite der schuldorientierten Menschenrechte sind. Dem einseitig individualistisch und juristisch orientierten Menschenrechtsbegriff müßte dann der eher ganzheitlich orientierte Begriff der Menschenwürde komplementär zugeordnet werden. Könnte hier nicht der Grund liegen, warum im Westen häufiger beim Kampf um Menschenrechte die Würde und die Ehre des Gegners oder der Betroffenen verloren geht?

## Wider das Anpassen

„Ich ermahne euch daher, Geschwister, durch die Barmherzigkeit Gottes, eure Leiber darzustellen als ein lebendiges, heiliges, Gott wohlgefälliges Opfer, was euer vernünftiger Gottesdienst ist. Und stellt euch nicht dieser Welt gleich [oder: Paßt euch nicht der Gestalt dieser Welt an], sondern werdet umgestaltet durch die Erneuerung eures Denkens, damit ihr prüfen könnt, was der Wille Gottes ist: das Gute, das Wohlgefällige und das Vollkommene“ (Röm 12,1-2).

Paulus will, daß Ethik und Lebensstil nicht durch Anpassung gewonnen werden (Röm 12,2), sondern daß durch bewußtes Überlegen und Handeln das Leben mit dem Willen Gottes in Einklang gelangt. Die Warnung vor der Anpassung an die ‚Welt' wurde als Gefahr, dem Zeitgeist zu erliegen, von Pietisten und Evangelikalen immer ernst genommen.

Es wird dabei jedoch übersehen, daß Paulus nicht nur vor einer Anpassung an die Welt warnt, sondern vor dem Anpassen überhaupt. Auch Gottes Willen soll man nicht durch Anpassung folgen, um nicht aufzufallen und ohne eigentlich zu wissen, warum man ihn tut. Oder anders gesagt: Ein christlicher Lebensstil soll nicht durch Druck der Gruppe und durch Anpassung gewonnen werden, sondern durch bewußtes Prüfen und Erarbeiten, also durch Überzeugung.

Röm 14,23 ist hier das beste Beispiel, da Paulus dort die Starken ermahnt, daß das, was die Schwachen nicht aus Glauben tun, Sünde ist. Es wäre eine Kleinigkeit für Paulus gewesen, dafür zu sorgen, daß die Abstinenzler so unter Druck gesetzt werden, daß die meisten von ihnen entweder gegangen wären oder sich angepaßt hätten. Paulus nimmt die Schwachen aber gerade in Schutz, obwohl er in seiner Lehre keinerlei Zweifel daran läßt, wie Gott die Dinge sieht (Röm 14,1-15,3). Was aber wäre verkehrt daran, wenn die Schwachen einfach dem Druck nachgeben würden und tun würden, was alle – richtig - taten? Daß sie es eben nicht aus Glauben, aus Vertrauen auf Gott, aus einer tiefen Überzeugung des Herzens heraus tun würden, sondern nur um Ruhe zu haben und um sich anzupassen.

Das ist eine herausfordernde Botschaft für viele christliche, insbesondere evangelikale Gemeinden, in denen Ruhe die erste Bürgerpflicht ist. Wer sich brav anpaßt, nicht zu viele Fragen stellt, nicht auffällt und nicht ‚meckert', hat meist bessere Karten, als der, der für alles die Gründe wissen möchte, der gerne alles einmal neu diskutiert, der mit neuen Ideen aufwartet und überhaupt ein ‚Unruhestifter' ist. Bei aller berechtigten Warnung vor Gemeindegliedern, die nur aus Neid, Mißgunst, Streitsucht oder Karrieresucht ‚meckern' und für Ärger sorgen: Diese schädlichen Eigenschaften finden sich auch bei den Stillen im Lande. Außerdem gilt: Nur Unruhestifter verändern die Welt und die Gemeinde. Mose, Josua, Nathan, Amos, Daniel, Johannes (der Täufer), Jesus, Petrus oder Paulus – um nur einige Beispiele zu nennen – waren sicher keine ‚braven' und ‚einfachen' Zeitgenossen.

## 6. DAS GEWISSEN MUSS SICH AN GOTTES MASSSTAB ORIENTIEREN

Das Gewissen des Menschen operiert mit Scham- und Schuldgefühlen. Deswegen soll im Folgenden auf die wichtigsten neutestamentlichen Texte und die Begrifflichkeit für Gewissen eingegangen werden. Es wird dabei deutlich, daß es keine scham- oder schuldorientierte Vorgabe für das Gewissen gibt, sondern Gott selbst und sein Wort als Schöpfer des Menschen und seines Gewissens oberster Maßstab des Gewissens sein wollen. So wie Ehre und Recht gleichermaßen Ziele für das gelingende Leben sind, schlägt auch das menschliche Gewissen im Kontext der Ehre schamorientiert und im Kontext des Recht schuldorientiert. Die jeweils vorherrschende Orientierung stammt aus Erziehung und Umwelt. Der Christ wird sich, gleich ob er scham- oder schuldorientiert aufgewachsen ist, mit dem Wort des Schöpfers in der

Hand bemühen, zu einer ganzheitlichen und ausgewogenen Mischung beider Elemente zu gelangen.

In der klassischen paulinischen Belegstelle zur Orientierung des Gewissens in Röm 2,14-16 ist für Paulus das Gesetz die eigentliche Orientierung des Gewissens, gleich ob der Mensch es kennt oder nicht: „Denn wenn Nationen, die von Natur aus kein Gesetz haben, dem Gesetz entsprechend handeln, so sind diese, die kein Gesetz haben, sich selbst ein Gesetz. Sie beweisen, daß das Tun des Gesetzes in ihren Herzen geschrieben ist, indem ihr Gewissen mit Zeugnis ablegt und ihre Gedanken sich untereinander anklagen oder auch entschuldigen; an dem Tag, da Gott das Verborgene der Menschen richtet durch Jesus Christus nach meinem Evangelium." (Röm 2,14-16). Heiden sind also solche, die „von Natur aus kein Gesetz haben".

Wer ist hier gemeint? Oft wird davon ausgegangen, daß hier Heiden gemeint sind, die im Gewissen ohne Kenntnis des Gesetzes doch eine Orientierung an seinen Maßstäben kennen. Auch dann wäre für Paulus selbstverständlich, daß sich das Gewissen am Gesetz zu orientieren hat. Ich ziehe dieser Auslegung allerdings eine andere ebenso lange bezeugte vor.

Ich gehe etwa mit Aurelius Augustinus, Karl Barth und Georg Huntemann, um nur einige Vertreter zu nennen, davon aus, daß die Heiden „ohne Gesetz" sind (Röm 2,12). Es sind die „Nationen, die kein Gesetz haben" (Röm 2,14). Die Heiden, die das Gesetz dennoch tun, sind die Heidenchristen, die von Natur aus das Gesetz nicht kennen, es aber durch den Geist Gottes in ihr Herz geschrieben bekommen. Paulus kann die an Christus glaubenden Nichtjuden auch einfach kurz als „die Heiden" (genauer: „die Völker") bezeichnen (z. B. Röm 11,13; 15,9). In Röm 2,26 spricht er von den „Unbeschnittenen", meint damit jedoch nur die Heidenchristen, nicht aber alle Heiden. „Von Natur aus" heißt im Neuen Testament häufiger soviel wie ‚von Geburt an' (so im selben Kapitel Röm 2,27; und sonst Röm 11,24; Gal 2,15; Eph 2,3). Die Heidenchristen haben das Gesetz Gottes nicht wie die Juden von ihrer Abstammung her. Dennoch handeln sie als Christen dem Gesetz Gottes entsprechend, denn den Gläubigen ist nach den alttestamentlichen Verheißungen (Röm 8,1-3; Hebr 8,10; 10,16;

Jer 31,33; vgl. Hes 11,19-20; 36,26-27) das ‚Gesetz ins Herz geschrieben', ja hier sogar „das Werk des Gesetzes ins Herz geschrieben" (Röm 2,14).[142]

Wir können die ganze Frage nach dem Naturrecht am Begriff „Gewissen" (Röm 2,15) deutlich machen. Kennt das Gewissen die göttlichen Gebote von Natur aus? Ist das Gewissen ein ‚Mitwisser' des Guten, also, wie es der römische Stoiker Seneca (4 v. Chr. - 65 n. Chr.), der die spätere christliche Naturrechtslehre stark beeinflußte, sah, „ein eigentliches 'Mitwissen' um das Gute, das Gott weiß"? Gibt es also ein 'Naturrecht', wie man das Wissen um Gottes Gesetz ohne Kenntnis der Bibel nennt? Paulus hat in Röm 1,32 neben die Offenbarung des Schöpfers in der Schöpfung auch das 'natürliche' Wissen des Menschen gestellt, daß er des Todes schuldig ist. Nirgends sagt Paulus aber, daß ein Mensch ohne Gottes Offenbarung an sich wissen könne, was Gut und Böse ist.

Gegen die Menschen spricht nicht eine angeborene Kenntnis des Gesetzes, sondern die Tatsache, daß ihr Denken und Handeln so von moralischen Entscheidungen geprägt ist, daß sie in jeder Minute den Beweis antreten, daß sie rechtlich verantwortlich sind. Für diesen ethischen Charakter unseres Denkens lassen sich nach Röm 2 zwei Belege anführen, auch wenn diese sich dort ursprünglich auf Juden und auf Heidenchristen beziehen:

1. Jeder Mensch beurteilt ständig andere: „... denn worin du den anderen richtest, verurteilst du dich selbst; denn du, der du richtest, tust dasselbe. Wir wissen aber, daß das Urteil [oder: Gericht] Gottes der Wahrheit entsprechend über die ergeht, die solches tun. Denkst du aber dies, o Mensch, der du die richtest, die solches tun, und dasselbe tust, daß du dem Urteil [oder: Gericht] Gottes entfliehen wirst?" (Röm 2,1-3).

2. Jeder Mensch hat ein „Gewissen", einen „Mit-wisser" (Röm 2,15) in sich, der alles pausenlos registriert und beurteilt: „... indem ihr Gewissen mit Zeugnis ablegt und ihre Gedanken sich untereinander anklagen oder auch entschuldigen" (2,15).

Das griechische Wort für Gewissen 'syneidesis' setzt sich aus 'syn' = 'mit' und 'eidesis' = 'Wissen' zusammen, was übersetzt „Ge-wissen" ergibt, denn 'Ge-' ist eine ältere Ausdrucksweise für 'mit', 'zusammen', wie viele ältere deutsche Worte zeigen (z. B. Strauch/Gesträuch; Schwester/Geschwister; Wetter/Gewitter; Lage/Gelage). Da dem Tier ein solcher 'Mitwisser' fehlt, hat es auch kein Selbstbewußtsein und kann nicht über sich selbst nachdenken[143].

Jeder Mensch kann nur denken, indem er moralisch denkt, denn „ihre Gedanken klagen sich untereinander an oder entschuldigen sich" (Röm 2,15). Selbst bei den einfachsten Angelegenheiten bedeutet Denken nichts anderes, als Argumente pro und contra zu sammeln. Der Mensch kann mit anderen Menschen nur sprechen und diskutieren, weil er pausenlos mit sich selbst diskutiert und pausenlos ethische Urteile fällt!

Dies alles geschieht völlig unabhängig davon, welcher Maßstab dem Gewissen und dem Denken zugrunde liegt. Der Mensch denkt in juristischen und moralischen Kategorien oder er denkt nicht. Warum versucht etwa die Werbung Produkte mit positiven Werten zu verbinden ('wer das kauft ist unabhängig, schlau, sozial oder umweltfreundlich ...')? Weil der Mensch selbst beim Einkaufen seine Entscheidungen von einer blitzschnellen innerlichen Diskussion abhängig macht ('das ist zu teuer', 'du darfst dir mal was gönnen', 'das ist aber ungesund', 'denk doch nicht so viel nach') und seinem Handeln immer ein Wertesystem zugrunde legt. Wer Gut und Böse abschaffen will, muß zunächst einmal das Denken abstellen!

Das Gewissen ist eine Funktion wie das Denken, das Sprechen oder das Schreiben. Alle diese Funktionen unterscheiden den Menschen vom Tier und gehen darauf zurück, daß der Mensch als Ebenbild Gottes erschaffen wurde, denn alle diese Funktionen haben ihr Vorbild in Gott. Diese Funktionen können jedoch gleichermaßen richtig gebraucht und mißbraucht werden, denn sie funktionieren alle nicht nur, wenn sie Gott und seine Gebote zum Maßstab nehmen, sondern auch, wenn sie die sich aus falschen Religionen ergebenden Maßstäbe voraussetzen (vgl. Röm 1,26-32). Wenn der Mensch zum Glauben an Jesus Christus kommt, hören sein 'Mitwissen', sein Denken, sein Reden und sein Schreiben nicht auf, erhalten aber einen neuen Maßstab, der ihnen nicht von selbst innewohnt.

Nur im christlichen Abendland[144] konnte man eine Zeitlang meinen, der Appell an das Gewissen allein würde genügen, um den Menschen an die Gerichte Gottes zu erinnern. Viele Gebote Gottes waren den Menschen nämlich durch die Erziehung bekannt und man konnte meinen, daß diese Kenntnisse dem Menschen angeboren wären. Außerhalb der christianisierten Bereiche funktionierte diese Missionspraxis nie und auch in den ehemals christlichen Ländern schlägt das Gewissen längst nicht mehr nach biblischen Maßstäben.[145]

Die Erkenntnis der Sünde kommt aber nicht durch das nach subjektiven Maßstäben urteilende Gewissen, sondern „durch das Gesetz kommt Erkenntnis der Sünde“ (Röm 3,20). Martin Luther hat sich deswegen im Streit mit den sogenannten 'Antinomisten'[146] vehement für die Notwendigkeit eingesetzt, in der Evangelisation auch das konkrete Gesetz Gottes und nicht nur die Gnade zu verkündigen.[147]

Der katholische Moraltheologe Helmut Weber schreibt:

> „In der protestantischen Theologie tritt nach einiger Zeit der Gewissensbegriff Luthers auffallend zurück. Man kommt wieder zu einer optimistischen Einschätzung des Gewissens; man versteht es erneut als eine Instanz, mit deren Hilfe man durchaus manches Gute und Richtige erkennen kann. Am Ende des letzten Jahrhunderts setzte dann aber ..... eine Rückkehr zu Luther ein ...“[148]. Weber weist darauf hin, daß die Aufklärung zwar Luthers Hochschätzung des Gewissens beibehielt, das Gewissen aber nicht mehr wie Luther Christus unterstellt und damit seines eigentlichen Fundamentes beraubt[149]. „Der Mensch ist nur noch sich selbst verantwortlich.“[150]

Das Gewissen ist bei der Verkündigung des Gesetzes unentbehrlich, um das eigene Denken und Handeln mit dem Willen Gottes zu vergleichen. Erst das Gewissen gibt dem Menschen seine ganz persönliche Verantwortung, weswegen Personsein ohne Gewissen undenkbar ist. In Spr 20,27 heißt es dazu mit anderen Worten: „Der Geist des Menschen ist eine Leuchte des Herrn, er durchleuchtet alle Kammern des Leibes“.

Wenn das Gesetz nicht verkündigt wird, schlägt das Gewissen entweder gar nicht, oder - was dann von den Psychologen zu Recht oder zu Unrecht gegen das Christentum ausgeschlachtet wird - an der falschen Stelle. Nur Gott darf festlegen, was Sünde gegen ihn ist (z. B. 1Joh 3,4), und die Verurteilung erfolgt aufgrund objektiv böser Taten und Gedanken, nicht aufgrund des so oder so beim einen heftiger, beim anderen kaum schlagenden Gewissens.

Damit soll nicht gesagt sein, daß die Umkehr zu Gott rein eine Tat des aufgrund des Gesetzes schlagenden Gewissens ist. Der Frieden mit Gott (Röm 5,1) wird durch ein umfassendes Handeln Gottes hergestellt. Er schließt eine ganzheitliche Liebesbeziehung zu unserem Schöpfer und Erlöser ein. In ihr spielt das Gewissen eine wichtige Rolle, iat aber nur ein Ausschnitt des Ganzen und kann nur reagieren und prüfen, jedoch nichts selbst schaffen.

Daß der Mensch das göttliche Gesetz nicht in sich wohnen hat, schließt - wie wir bereits gesehen haben - nicht aus, daß das Gewissen als solches ein Beweis dafür ist, daß der Mensch weiß, daß er sich für alles verantworten muß. Hatte Paulus in Röm 1,18-32 deutlich gemacht, daß jeder Mensch eine Religion und eine sich daraus ergebende Ethik hat, auch wenn er das abstreitet, so fügt er in Röm 2,1-16 hinzu, daß der Mensch in seinem alltäglichen Denken den Beweis antritt, daß er ohne Ethik nicht denken und damit nicht existieren kann.

Wilhelm Lütgert hat – wie bereits erwähnt wurde - in seinem schwer lesbaren, aber wertvollen Werk ‘Schöpfung und Offenbarung’ den moderneren Pietismus[151] dafür kritisiert, daß er den Menschen bei seinem Gewissen packt, anstatt in der Evangelisation von Schöpfung und objektiver Offenbarung auszugehen[152]. Der Mensch sündigt als Geschöpf objektiv auch dann, wenn ihm sein Gewissen dies nicht mitteilt. Nur bei einem christlich geprägten Gewissen kann daher die pietistische Evangelisation Erfolg haben. Deswegen darf das Gewissen nicht zu einer eigenen gesetzgebenden Instanz werden[153]. Das Evangelium gründet sich nicht auf das Gewissen, sondern auf das Gesetz[154]. Röm 2 dient der Verurteilung der Juden, nicht der Rechtfertigung der Heiden und ihres Gewissens[155]. Und das Kennzeichen des Christen ist gerade nicht das böse, sondern das gute Gewissen[156].

Rousas J. Rushdoony geht ähnlich davon aus, daß der Einfluß des Pietismus (im weitesten Sinne) in den katholischen und evangelischen Kirchen seit dem Spätmittelalter zu einer immer geringeren Betonung des biblischen Gesetzes und der irdischen Belange geführt hat[157]. Ernst Luthardt hat in diesem Zusammenhang darauf aufmerksam gemacht, daß die pietistische Sicht des Gewissens den Weg für die Sicht der Aufklärung bereitet hat, daß das Gewissen selbst der Maßstab ist[158].

> „Das Gewissen ist nicht das, als was die Aufklärungstheologie es ausgibt, und was seitdem zum Gemeingut der populären natürlichen Theologie geworden ist: die Stimme Gottes."[159]

Das Gewissen ist jedoch nicht 'autonom', sondern 'theonom', nicht dem eigenen, sondern dem göttlichen Gesetz unterstellt. Der bereits besprochene Bericht vom Sündenfall (1Mose 3) macht die Aufgabe des Gewissens sehr schön deutlich. Das Gewissen kannte das Gebot Gottes nicht von 'Natur' aus, sondern Gott mußte das Gebot erst verkündigen. Doch nachdem er es verkündigt hatte, diente das Gewissen Adam und Eva, um als 'Mitwisser' und Ankläger den Bruch des Gebotes festzustellen, weswegen sich beide vor Gott schämten und „versteckten" (1Mose 3,8) und versuchten, durch Anklage anderer (Adam: „die Frau ...", Eva: „die Schlange ...", 1Mose 3,12-13) ihr Gewissen zu entlasten.

Daß das Gewissen nur auf Gottes Maßstab hören darf, hat auch eine ungeheuer befreiende Bedeutung. Nur Gott, niemand sonst, darf das Gewissen binden. Das 20. Kapitel des Westminster Bekenntnisses von 1647 ist deswegen mit „Von der christlichen Freiheit und der Freiheit des Gewissens" überschrieben. Artikel 20.2. darin lautet:

> „Gott allein ist Herr des Gewissens (Jak 4,12; Röm 14,4) und hat es frei gemacht von den menschlichen Lehren und Geboten, die in irgend etwas seinem Wort entgegen sind oder in Sachen des Glaubens und Gottesdienstes darüber hinausgehen (Apg 4,19; Apg 5,29; Mt 23,8-10;

> 2Kor 1,24; Mt 15,9). Um des Gewissens willen solche Lehren zu glauben und solchen Geboten zu gehorchen, ist ein Verrat an der wahren Freiheit des Gewissens (Kol 2,20+22-23; Gal 1,10; Gal 2,4-5; 5,1), und die Forderung eines unbedingten Gehorsams ist soviel wie die Zerstörung der Freiheit des Gewissens und zugleich auch der Vernunft (Röm 10,17; 14,23; Jes 8,20; Apg 17,11; Joh 4,22; Hos 5,11; Offb 13,12+16-17; Jer 8,9).“[160]

Durch das Gewissen ist der Mensch nie ‘allein’, sondern hat immer einen ‘Mitwisser’. Dies kommt sehr deutlich in Röm 13,5 zum Ausdruck, wo Paulus Christen auffordert, nicht nur dann dem Staat zu gehorchen, wenn die Gefahr der Entdekkung und Bestrafung besteht, sondern auch, wenn kein Zeuge außer dem Gewissen vorhanden ist: „Darum ist es nötig, sich nicht allein um der Strafe willen unterzuordnen, sondern auch um des Gewissens willen“. Eine berühmte Anekdote von Charles Haddon Spurgeon bringt dies gut zum Ausdruck:

> „Spurgeon fragte ein frommes Hausmädchen, woran sie erkenne, daß sie bekehrt sei. Die klassische Antwort: ‘Seit ich bekehrt bin, fege ich auch unter der Matte’“[161].

Das Gewissen weiß eben auch das Verborgene, weswegen „an dem Tag, an dem das Verborgene der Menschen durch Jesus Christus“ (Röm 2,16) offenbar und gerichtet wird, das Gewissen zum Ankläger des Menschen wird, wenn das böse Gewissen nicht vom Blut Jesus besprengt (Hebr 10,2) ist und weiß, daß die Sünden vergeben sind.

Zur Bestätigung dessen, was über das Gewissen gesagte wurde, finden sich in der folgenden Übersicht alle Texte, in denen das Wort für „Gewissen“ im Neuen Testament[162] vorkommt. Sodann soll nach dem Gewissen im Alten Testament gefragt werden.

| **Im NT: Gewissen = ‘Mitwisser’ (griech. syneidesis)**<br>(alle Vorkommnisse) |
|---|
| Apg 23,1: Paulus vor dem Hohen Rat: „Ihr Brüder, ich bin mit allem guten Gewissen vor Gott gewandelt bis auf diesen Tag.“ (Es gibt ein gutes Gewissen.) |

Apg 24,16: Paulus vor Felix: „Darum übe ich mich auch, allezeit ein Gewissen ohne Anstoß vor Gott und den Menschen zu haben." (Gewissen ist eine Instanz vor Gott und Menschen.)
Röm 2,15: Über die Heiden(christen): „Sie beweisen, daß das Werk des Gesetzes in ihre Herzen geschrieben ist, indem ihr Gewissen mitzeugt und ihre Gedanken sich untereinander anklagen oder auch entschuldigen." (Das Gewissen ist Zeuge und führt zur Anklage im Herzen = Sitz des Denkens, Wollens und Entscheidens. Das Denken eines jeden Menschen enthält die Selbstanklage und die innere Diskussion, ohne die Verantwortlichkeit undenkbar ist.)

Röm 9,1: Paulus über Israel: „Ich sage die Wahrheit in Christus und lüge nicht, wobei mein Gewissen mir Zeugnis gibt im Heiligen Geist, daß ich große Traurigkeit habe ..." (Das Gewissen ist nur im Heiligen Geist zuverlässig.)
Röm 13,5: Paulus über den Staat: „Darum ist es notwendig, untertan zu sein, nicht allein der Strafe wegen, sondern auch des Gewissens wegen." (Der Maßstab aus Gottes Wort wird nicht nur aus Angst vor der Strafe befolgt, sondern auch dann, wenn man nicht gesehen wird.)
1Kor 8,7: Paulus über den Verzehr von Götzenopferfleisch: „Und ihr Gewissen wird befleckt, weil es schwach ist." (Es geht um die Schwäche des Maßstabs, der das Gewissen bestimmt; dasselbe gilt für:)
1Kor 8,10: „Wird nicht, wenn er dich sieht, sein Gewissen, weil er schwach ist, bestärkt, Götzenopferfleisch zu essen?"
1Kor 8,12: „Wenn ihr aber so gegen die Geschwister sündigt und ihr schwaches Gewissen verletzt, so sündigt ihr gegen Christus."
1Kor 10,25: „Eßt alles, was ihr auf dem Fleischmarkt kauft, ohne es um des Gewissens willen zu untersuchen." (Die Aufgabe des Gewissens ist das Untersuchen. Ebenso in:)
1Kor 10,27: „Eßt alles, ohne es um des Gewissens willen zu untersuchen."
1Kor 10,28-29: Falls bekannt ist, daß es sich um Götzenopferfleisch handelt: „Eßt nicht .. um des Gewissens willen, ich meine jedoch nicht das eigene Gewissen, sondern das des anderen. Denn warum wird meine Freiheit von einem anderen Gewissen beurteilt?" (Hier geht es um die Rücksicht auf das Gewissen anderer. In 1Kor 8-10 wird sowohl die Teilnahme an Götzenopferfeiern, als auch das Verbot des Essens von Götzenopferfleisch angegriffen. Der biblische Weg zwischen diesen beiden Extremen weiß, das alles gegessen werden darf, nimmt aber Rücksicht auf 'Schwache'.)

2Kor 1,12: „Denn unser Rühmen ist dies: Das Zeugnis unseres Gewissens, daß wir in Einfalt und Lauterkeit Gottes ... gewandelt sind in dieser Welt." (Das Gewissen ist Zeuge und bezeugt.)
2Kor 4,2: „... sondern durch die Offenbarung der Wahrheit empfehlen wir uns jedem Gewissen der Menschen vor Gott." (Das Gewissen prüft andere, der Maßstab ist die Wahrheit, die letzte Instanz Gott.)
2Kor 5,11: „Da wir nun den Schrecken des Herrn kennen, so überreden wir Menschen, Gott aber sind wir offenbar geworden. Ich hoffe aber, auch in euren Gewissen offenbar zu sein." (Das Gewissen prüft andere und gilt vor Gott und Menschen.)
1Tim 1,5: „Das Endziel des Gebotes aber ist Liebe aus reinem Herzen und gutem Gewissen und ungeheucheltem Glauben." (Ungeheuchelter Gehorsam kann vor dem Gewissen bestehen.)
1Tim 1,18-19: „... und den guten Kampf kämpfst und den Glauben bewahrst und ein gutes Gewissen, das einige von sich gestoßen haben ..." (Wenn ein Mensch erst einmal als Glaubender den richtigen Maßstab für sein Gewissen hat, kann er es beim Abfall vom Glauben nur abstoßen, abtöten usw. )
1Tim 3,9: Von den Diakonen: „... die das Geheimnis des Glaubens in reinem Gewissen bewahren."
2Tim 1,3: „Ich danke Gott, dem ich von meinen Voreltern her mit reinem Gewissen diene." (So ernst nahm Paulus die Vergebung. Er sah sich als Christ in einer Linie mit der Gottesverehrung im Alten Testament.)
Tit 1,15: „Den Reinen ist alles rein, den Befleckten und Ungläubigen aber ist nichts rein, sondern sowohl ihre Gesinnung als auch ihr Gewissen ist befleckt." (Sowohl der Maßstab der „Gesinnung" als auch der Prüfer „Gewissen" sind zerstört.)
Hebr 9,9: Über die Opfer im Alten Testament: „... die den, der einen Gottesdienst übt, im Gewissen nicht vollkommen machen können."
Hebr 10,2: Über die Wiederholung der Opfer: „Denn würde sonst nicht ihre Darbringung aufgehört haben, weil die den Gottesdienst Übenden, einmal gereinigt, kein Sündengewissen mehr gehabt hätten." (Nur Jesus kann das Gewissen, also das Bewußtsein für die Schuld der Sünde, durch die Vergebung ganz fortnehmen, nicht aber andere Opfer.)
Hebr 10,22: Über die Reinigung durch das Blut Jesu: „So laßt uns hinzutreten mit wahrhaftigem Herzen in voller Gewißheit des Glaubens, die Herzen besprengt vom bösen Gewissen."
1Petr 2,19: Über das Leiden, wenn man gesündigt hat: „Denn das ist wohlgefällig, wenn jemand um des Gewissens vor Gott willen

Leiden erträgt, indem er Unrecht leidet." (Wer leidet und zu Recht ein schlechtes Gewissen hat, leidet nicht um Jesu willen, sondern um seiner selbst willen; dasselbe gilt für:)
1Petr 3,16: „... und habt ein gutes Gewissen, damit die, die euren guten Wandel in Christus verleumden, in dem zuschanden werden, in dem sie euch Übles nachsagen."
1Petr 3,21: „... die Taufe, die jetzt auch euch rettet, nicht ein Ablegen der Unreinheit des Fleisches, sondern der Bund mit Gott um ein gutes Gewissen, durch die Auferstehung Jesu Christi." (Die Taufe ist ein Bundesschluß mit Gott, und nur deswegen Zeugnis vor anderen. Die Auferstehung errettet, nicht die Taufe, deren Wasser das Gericht darstellt. Das Taufwasser entspricht dem Wasser der Sintflut, die Arche entspricht der Auferstehung.)

(Ergebnis der Übersicht:) „Gewissen" (griech. 'syn-eidesis') heißt wörtlich „Mit-wisser". Es ist also eine Instanz, die alles miterlebt und bezeugt, was ein Mensch tut und denkt. Diese Instanz ist ein Bestandteil unserer Gottesebenbildlichkeit und unterscheidet uns vom Tier, das sein eigenes Handeln nicht beurteilen kann. Das Gewissen selbst hat jedoch keinen Maßstab. Dieser kommt immer von außen (Erziehung, Prägung, Erlernen, Weltanschauung). Das Gewissen des Ungläubigen weist daher nur - aber dies um so deutlicher - darauf hin, daß es Gut und Böse gibt und der Mensch sich verantworten muß, enthält aber grundsätzlich einen falschen Maßstab, der allerdings inhaltlich teilweise (zum Beispiel im christlichen Abendland) durchaus mit dem richtigen übereinstimmen kann.

Wenn ein Mensch zum Glauben an Jesus Christus kommt, erhält er einen neuen, absoluten Maßstab, nämlich den in der Bibel offenbarten Willen Gottes. Diesen Maßstab muß er mehr und mehr erforschen und anwenden. So wie das Denken (im Alten und Neuen Testament oft mit „Herz" wiedergegeben) bei der Bekehrung erhalten bleibt, der Inhalt des Denkens, also die Gedanken, aber von Grund auf erneuert werden müssen (Röm 12,2), so bleibt auch bei der Bekehrung das Werkzeug ‚Gewissen' erhalten, muß aber an einem neuen Maßstab ausgerichtet werden.[163]

Im Alten Testament gibt es kein eigenes Wort für Gewissen. Da jedoch im Alten Testament manche Körperteile und Organe stellvertretend für Funktionen der ganzen Person stehen[164], finden wir doch einiges über das Gewissen. Das Herz ist etwa der Sitz des Denkens, Wollens und Entscheidens und steht daher oft in engem Zusammenhang mit dem Gewissen[165] (deutlich z. B. in 1Sam 24,6: „Danach schlug ihm das Herz ...“). Johannes Chrysostomus (354-407 n. Chr.) schreibt deswegen:

> „Darum hat der menschenfreundliche Herrscher von Anfang an und von vorneherein, als er den Menschen bildete, ihm das Gewissen ins Herz gelegt, das sein beständiger Ankläger ist ...“[166].

Der eigentliche Ausdruck für das Gewissen im Alten Testament ist jedoch die „Niere“[167], wobei das ‘Herz’ oft neben ‘Niere’ steht.

Deswegen ist immer wieder vom Prüfen der Nieren und vom Stechen usw. der Nieren die Rede. Im folgenden Kasten werden alle Stellen aufgelistet, die die übertragene Bedeutung ‘Gewissen’ haben. (Manche Übersetzungen setzen an die Stelle von Niere gleich ein anderes Wort, wie etwa „Gewissen“.)

| **Im AT: Gewissen = „Niere“** (alle Vorkommnisse) |
|---|
| („Niere“ erscheint in buchstäblicher Bedeutung im Zusammen mit dem Opferkult: 2Mose 29,13+22; 3Mose 3,4+10+ 15; 4,9; 7,4; 8,16+25; 9,10+19; 5Mose 32,14; Jes 34,6.)<br>Hiob 16,13: „Gott spaltet meine Nieren ohne Schonung.“ (Das Gewissen schlägt.)<br>Hiob 19,27: „Meine Nieren verschmachten in meinem Inneren.“<br>Ps 7,9[168]: „Der du Herzen und Nieren prüfst, gerechter Gott.“ (Gott steht über dem Gewissen.)<br>Ps 16,7: „Ich preise den Herrn, der mich beraten hat; selbst nachts unterweisen mich meine Nieren.“<br>Ps 26,2: „Prüfe mich, Herr, und erprobe mich, läutere meine Nieren und mein Herz.“<br>Ps 73,21: „Als mein Herz erbittert war und es mich in meinen Nieren stach, war ich dumm.“<br>Ps 139,13: „Denn du hast meine Nieren gebildet ...“ (vgl. V.1+23-24)<br>Spr 23,15-16: „Mein Sohn, wenn dein Herz weise ist, so wird auch mein Herz sich freuen, und meine Nieren werden fröhlich sein, wenn deine Lippen Geradheit reden.“ |

Jer 11,20: „Aber du, der Herr der Heerscharen, der du gerecht richtest, der du Herzen und Nieren prüfst ..."
Jer 12,2: „Du bist nahe ihrem Mund, doch fern von ihren Nieren."
Jer 17,10: „Ich, der Herr, erforsche das Herz und prüfe die Nieren, und zwar um einem jeden zu geben nach seinen Wegen, nach der Frucht seiner Handlungen."
Jer 20,12: „Aber du, der Herr der Heerscharen, der du den Gerechten prüfst, Nieren und Herzen siehst ..."
Klgl 3,13: „Er ließ die Söhne seines Köchers in meine Nieren dringen."

## 7. AUFRUF ZUM SCHLUSS

Gott hat uns zu Ehre und Gerechtigkeit geschaffen und uns als Menschen das Gewissen mit seiner Scham- und Schuldorientierung mitgegeben. Beide Orientierungen tragen wesentlich zum Gelingen des Lebens des Einzelnen und der Gemeinschaft bei.

Die Sünde Gott gegenüber führt als Beeinträchtigung des Rechtes Gottes zu Schuld und als Beeinträchtigung der Ehre Gottes zu Scham vor Gott. Nur durch Gottes Gerechtigkeit und Gottes Ehre können die menschliche Gerechtigkeit und Ehre des Menschen wiederhergestellt werden.

Der Anstoß Gottes Recht und Gottes Ehre wieder herzustellen kommt aus Schuldgefühlen und Schamgefühlen, aber nicht nur aus Gefühlen, sondern auch anderen Aspekten des Gewissens, also auch kongnitiven (denkerischen) und ethischen Überlegungen. Deswegen kann etwa das Gesetz, daß definiert, was Gott im Einzelnen als Übertretung seiner Ordnungen ansieht, sowohl Schuld-, als auch Schamempfinden auslösen.

Das Kreuz von Golgatha stellt sowohl angesichts der Schuld Gottes Recht und damit unser Recht wieder her, als auch angesichts der Schande Gottes Ehre und damit unsere Ehre.

Erst aus dieser Orientierung an Gottes Gerechtigkeit und Ehre ergibt sich in der Bibel nun auch die Orientierung an anderen Menschen.

Christen aus schamorientierten Kulturen können von Christen aus schuldorientierten Kulturen viel lernen, etwa innere Unabhängigkeit, prophetisches Auftreten für das Recht Gottes oder klares Bekenntnis. Christen aus schuldorientierten Kulturen können von Christen aus schamorientierten Kulturen viel lernen, etwa den Zusammenhalt der Gemeinschaft, das Achten der Ehre anderer und vor allem das Ehren Gottes auch in sichtbaren Bezügen. Ich möchte deswegen mit dem Aufruf schließen, daß Christen aus scham- und schuldorientierten Kulturen viel voneinander lernen können, gerade auch im Verstehen der Heiligen Schrift. Deswegen möchte ich mit den Worten von Lomen schließen:

> „Zudem kann sie sich aber auch für westliche Theologen als große Hilfe erweisen, da durch die westliche Tendenz zur Schuldorientierung verschiedene Aspekte in den biblischen Texten nicht so leicht erkennbar sind wie aus der Sicht der Schamorientierung und daher zum Teil sogar übersehen werden." (Lomen 17) „Dies gilt natürlich auch im umgekehrten Fall, dass nämlich schamorientierte Christen von schuldorientierten Theologen profitieren. Dies geschieht jedoch schon in großem Maße, da viele Menschen aus schamorientierten Kulturen, z.B. aus Asien, an westlichen Schulen Theologie studieren." (Lomen 17, Anm. 30)

# 8. BIBLIOGRAFIE


Ismael Abu-Saad. „Individualism and Islamic Work Beliefs". Journal of Cross-Cultural Psychology 29 (1998) 2: 377-383

Franz Alexander. Fundamentals of Psychoanalysis. New York: Norton, 1948[1]; 1963[2]

Thomas L. Austin. „Elenctics". S. 307-308 in: A. Scott Moreau. Evangelical Dictionary of World Missions. Baker Book House: Grand Rapids (MI), 2000

David P. Ausubel. „Relationships between Shame and Guilt in the Socializing Process." Psychological Review 62 (1955): 378-390

David P. Ausubel. Theory and Problems of Child Development. New York: Grune & Stratton, 1958[1]; 1970[2]; 1980[3]

David P. Ausubel, Edmund V. Sullivan. Das Kindesalter: Fakten, Probleme, Theorie. München: Juventa Verlag, 1974

David P. Ausubel. „Relationships between Shame and Guilt in the Socializing Process." Psychological Review 62 (1955): 378-390

Till Bastian. Der Blick, die Scham, das Gefühl: Eine Anthropologie des Verkannten. Göttingen: Vandenhoeck & Ruprecht, 1998

Till Bastian, Micha Hilgers. „Kain – Die Trennung von Scham und Schuld" am Beispiel der Genesis". Psyche 44 (1990): 1100-1112

Till Bastian, Micha Hilgers. „Scham als Teil des Minderwertigkeitsgefühls – und die fehlende Theorie der Affekte". Internationale Zeitschrift für Individualpsychologie 16 (1991): 102-110

Ruth Benedict. The Chrysanthenum and the Sword: Patterns of Japanese Culture. Boston: Houghton and Mifflin, 1946

Ruth Benedict. „Religion". S. 627-665 in: Franz Boas (Hg.). General Anthropology. War Department Educational Manual 226. Boston (USA): Heath/Madison (WI): US Armed Forces Inst., 1938; 1944; Nachdruck: New York: Johnson, 1965

Wolfgang Blankenburg. „Zur Differenzierung von Scham und Schuld". S. 45-56 in: Rolf Kühn, Michael Raub. Michael Titze (Hg.). Scham – ein menschliches Gefühl: Kulturelle, psychologische und philosophische Perspektiven. Köln: Westdeutscher Verlag, 1997

Franz Boas. Race, Language and Culture. New York: The Macmillan Comp., 1948

Franz Boas (Hg.). General Anthropology. War Department Educational Manual 226. Boston (USA): Heath/Madison (WI): US Armed Forces Inst., 1938; 1944; Nachdruck: New York: Johnson, 1965

Francis J. Broucek. Shame and the Self. New York: The Guilford Press, 1991

Richard Buda, Sayed M. Elsayed-Elkhouly. „Cultural Differences between Arabs and Americans: Individualism-Collectivism Revisited". Journal of Cross-Cultural Psychology 29 (1998) 3: 487-492

Laurel Arthur Burton. „Original Sin or Original Shame". Quarterly Review 8 (1988) 4: 31-41

Barth L. Campbell. Honor, Shame, and the Rhetoric of 1 Peter. SBL Dissertation Series 160. Atlanta: Scholars Press, 1998

Ferdinand Deist. The Material Culture of the Bible: An Introduction. Sheffield: Sheffield Academic Press, 2000

David Arthur DeSilva. Despising Shame: Honor Discourse and Community Maintenance in the Epistle to the Hebrews. SBL Dissertation Series 152. Atlanta: Scholars Press., 1995

David Arthur DeSilva. Bearing Christ's Reproach: The Challenge of Hebrews in an Honor Culture. North Richland Hills (TX): Biblical Press,1999

David Arthur DeSilva. The Hope of Glory: Honor Discourse and New Testament Interpretation. Collegevill (USA): Liturgical Press, 2000

Eric Robertson Dodds. Die Griechen und das Irrationale. Wissenschaftliche Buchgesellschaft: Darmstadt, 1970[1]; 1976[2]; Nachdruck 1991

Eric Robertson Dodds. The Greeks and the Irrational. Berkeley: Univ. of California Press, 1951; 15. Druck 1984

Hans Peter Duerr. Nacktheit und Scham: Der Mythos vom Zivilisationsprozess. Bd. 1. Suhrkamp: Frankfurt, 1988[1]; 1988[2]

Hans Peter Duerr. Nacktheit und Scham. Bd. 2. Suhrkamp: Frankfurt, 1990

Wolfram Eberhard. Guilt and Sin in Traditional China. Berkeley (USA): University of California Press, 1967

Robert B. Edgerton. Sick Societies: Challenging the Myth of Primitive Harmony. The Free Press: New York, 1992

Norbert Elias. Über den Prozess der Zivilisation. Bd. 1. Frankfurt: Suhrkamp, 1981

Norbert Elias. Über den Prozess der Zivilisation. Bd. 2. Frankfurt: Suhrkamp, 1982

Mario Erdheim. „Sigmund Freud (1856-1939)". S. 137-150 in: Wolfgang Marschall (Hg.). Klassiker der Kulturanthropologie: Von Montaigne bis Margaret Mead. München: C. H. Beck, 1990

J. Cheryl Exum, Stephen D. Moore. Biblical studies, cultural studies: The third Sheffield Colloquium. Sheffield: Sheffield Academic Press, 1998

Derek Freeman. Liebe ohne Aggression: Margaret Meads Legende von der Friedfertigkeit der Naturvölker. Kindler: München, 1983

Walter Goldschmidt (Hg.). The Anthropology of Franz Boas: Essays on the Centennial of His Birth. Washington, D.C., The American Anthropological Association, 1959

Douglas Graham. Moral Learning and Development. London: Batsdorf, 1972

Roland Girtler. Kulturanthropologie. dtv wissenschaft. dtv: München, 1979. S. 34-37

Wilfried Härle. Dogmatik. Berlin: Walter de Gruyter, 1995[1]; 2002[2]

David J. Hesselgrave. „Missionary Elenctics and Guilt and Shame". Missiology: An International Review 11 (1983) 4: 461-483

David J. Hesselgrave, David J. Communicating Christ Cross-Culturally: An Introduction to Missionary Communication. Grand Rapids (MI): Zondervan, 1978[1]; 1991[2]

Micha Hilgers. Scham: Gesichter eines Affekts. Göttingen: Vandenhoeck & Ruprecht, 1996[1]; 1997[2]

Mario Jacoby. Scham–Angst und Selbstwertgefühl: Ihre Bedeutung in der Psychotherapie. Walter-Verlag: Olten (CH)/Freiburg, 1991

Ronald C. Johnson u. a. „Guilt, Shame and adjustment in three cultures". Journal of Individual Differences 8 (1987) 3: 357-364

Lothar Käser. Fremde Kulturen: Eine Einführung in die Ethnologie. VLM: Lahr & Verlag der Evang.-Luth. Mission: Erlangen, 1998[2]. 10. Kapitel „Kultur und Über-Ich (Gewissen)", S. 129-167

Jerome Kagan. Die Natur des Kindes. München: Piper, 1987[1]; 1987[2]; Weinheim: Beltz, 2001[3]

Gershen Kaufman. Shame: The Power of Caring. Cambridge, MA: Schenckman. 1980[1]; 1992[2]

Gershen Kaufman. The Psychology of Shame: Theory and Treatment of Shame-Based Syndromes. New York: Springer, 1989

Gershen Kaufman, L. Raphael. „Shame: A Perspective on Jewish Identity." Journal of Psychology and Judaism 11 (1987): 30-40.

Ward Keeler. „Shame and Stage Fright in Java". Ethos: Journal of the Society for Psychological Anthropology 2 (1983) 3: 152-165

Shinobu S. Kitayama (Hg.). Emotion and culture: Empirical studies of mutual influence. Washington, DC: American Psychological Association Press, 1994

Martin A. Klopfenstein. Scham und Schande nach dem Alten Testament: Eine begriffsgeschichtliche Untersuchung zu den hebräischen Wurzeln bôs, klm und hpr. Theologischer Verlag: Zürich, 1972

Walter Krämer u. a. Das neue Lexikon der populären Irrtümer. Eichborn: Frankfurt, 1998. S. 290-291

C. Norman Kraus. „The Cross of Christ - Dealing with Shame and Guilt". Japan Christian Quarterly 53 (1987): 221-227

C. Norman Kraus. Jesus Christ Our Lord: Christology from a Disciple's Perspective. Rev. ed. Scottdale: Herald Press, 1987[1]; 1990[2]

Rolf Kühn, Michael Raub. Michael Titze (Hg.). Scham – ein menschliches Gefühl: Kulturelle, psychologische und philosophische Perspektiven. Köln: Westdeutscher Verlag, 1997

Timothy S. Laniak. Shame and Honor in the Book of Esther. SBL Dissertation Series 165. Atlanta (GE): Scholars Press, 1998

Melvin R. Lansky, Andrew P. Morrison. „The Legacy of Freud's Writings on Shame." S. 3-40 in: Melvin R. Lansky, Andrew P. Morrison (Hg.). The Widening Scope of Shame. Hillsdale (NJ): The Analytic Press, 1997

Melvin R. Lansky, Andrew P. Morrison (Hg.). The Widening Scope of Shame. Hillsdale (NJ): The Analytic Press, 1997

Takie Sugiyama Lebra. „On social mechanisms of guilt and shame": The japanese case". Anthropolocial Quarterly 44 (1971): 241-245

Takie Sugiyama Lebra. „Shame and Guilt: A Psychocultural View of the Japanese Self". Ethos: Journal of the Society for Psychological Anthropology 2 (1983) 3: 192-209

Zuk-Nae Lee. „Koreanische Kultur und Schamgefühl". S. 75-86 in: Rolf Kühn, Michael Raub. Michael Titze (Hg.). Scham – ein menschliches Gefühl: Kulturelle, psychologische und philosophische Perspektiven. Köln: Westdeutscher Verlag, 1997

Helen B. Lewis. Shame and guilt in neurosis. New York: International Universities Press, 1971
Michael Lewis. Scham: Annäherung an ein Tabu. Hamburg: Kabel, 1993
Ruth Lienhard. „Ehre und Recht". S. 253-263 in: Klaus W. Müller (Hg.). Mission in fremden Kulturen: Festschrift für Lothar Käser. edition afem – edition academics 15. Nürnberg: VTR, 2004
Jacob Abram Loewen. Culture and Human Values: Christian Intervention in Anthropological Perspective. Pasadena (CA): William Carey Library, 1975 (= 1977)
Jacob Abram Loewen. The Bible in Cross-Cultural Perspective. Pasadena: William Carey Library, 2000
Martin Lomen. Sünde und Scham im biblischen und islamischen Kontext: Ein ethno-hermeneutischer Beitrag zum christlich-islamischen Dialog. Edition afem – mission scripts 21. Nürnberg: VTR, 2003
Helen Merell Lynd. On Shame and the Search of Identity. London: Routledge and Kegan Paul, 1958; New York: Science Editions, 1961
Ulrich Mack. Die Bedeutung der Scham in der Seelsorge: Scham – die Nachseite der Liebe. Dissertation – Theologie: Bonn, 2002
Bruce J. Manila. The New Testament World: Insights from Cultural Anthropology. Atlanta: John Knox, 1981
Bruce J. Manila. Christian Origins and Cultural Anthropology: Practical Models for Biblical Interpretation. Atlanta: John Knox, 1986
Charles Mariauzouls. Psychophysiologie von Scham und Erröten. München: Dissertation, 1996
John G. McKenzie. Guilt: Its Meaning and Significance. New York, Nashville: Abingdon Press, 1962
Margret Mead (Hg.). Cooperation and Competition Among Primitive Peoples, New York: McGraw-Hill Book Company, 1937; Rev. Ausg. Boston: Beacon Press, 1961
Margaret Mead. „Apprenticeship Under Boas". S. 29-45 in: Walter Goldschmidt (Hg.). The Anthropology of Franz Boas: Essays on the Centennial of His Birth. Washington, D.C., The American Anthropological Association, 1959
Christa Meves. Plädoyer für das Schamgefühl. Weißes Kreuz: Vellmar-Kassel, 1985
Andrew P. Morrison. Shame: The Underside of Narcissism. Hillsdale (NJ): The Analytic Press, 1989
Andrew P. Morrison. The Culture of Shame. Northvale (NJ)/London: Jason Aronson, 1998
Klaus W. Müller. „Elenktik: Die Lehre vom scham- und schuldorientierten Gewissen". Evangelikale Missiologie 12 (1996): 98-110
Klaus W. Müller. „Elenktik: Gewissen im Kontext". S. 416-451 in: Hans Kasdorf, Klaus W. Müller (Hg.). Bilanz und Plan: Mission an der Schwelle zum Dritten Jahrtausend. Festschrift für George W. Peters zu seinem achtzigsten Geburtstag. Bad Liebenzell: Verlag der Liebenzeller Mission, 1988
Klaus W. Müller. „Gewissen: Wertezerfall in Gesellschaft und Gemeinde". Dennoch 2/2002: 44-47

Klaus W. Müller. „Entwicklung und Funktionsablauf des schuldorientierten Gewissens“. S. 264-290 in: Klaus W. Müller (Hg.). Mission in fremden Kulturen: Festschrift für Lothar Käser. edition afem – edition academics 15. Nürnberg: VTR, 2004

Roland Muller. Honor and Shame: Unlocking the Door. Philadelphia (PA): Xlibris Publications, 2000

S. Bruce Narramore. No Condemnation: Rethinking Guilt Motivation in Counseling, Preaching, and Parenting. Grand Rapids (MI): Zondervan, 1984

Donald L. Nathanson (Hg.). The many faces of shame. New York: Guilford Press, 1987

Donald L. Nathanson. Shame and Pride: Affect, Sex, and the Birth of the Self. New York: Norton, 1992

Sighard Neckel. Status und Scham: Zur symbolischen Reproduktion sozialer Ungleichheit. Theorie und Gesellschaft 21. Frankfurt: Campus, 1991

Jerome H. Neyrey (Hg.). The World of Luke-Acts: A Handbook of Social Science Models for Biblical Interpretation. Peabody (MA): Hendrickson, 1991 (= 1993)

Bruce J. Nicholls. „The Role of Shame and Guilt in a Theology of Cross-Cultural Mission”. Evangelical Review of Theology 25 (2001) 3: 231-241

Lowell L. Noble. Naked and Not Ashamed: An Anthropological, Biblical, and Psychological Study of Shame. Jackson (MI): Jackson Pr., 1975

Neil F. Pembroke. „Toward a Shame-Based Theology of Evangelism”. Journal of Psychology and Christianity 17 (1998) 1: 15-24

Jean G. Peristiany (Hg.). Honor and shame: the values of a Mediterranean society. London: Weidenfeld and Nicolson, 1965; Chicago: University of Chicago, 1966 (= 1970; 1974)

John George Peristiany, Julian Pitt-Rivers (Hg.). Honour and Grace in Anthropology. Cambridge: Cambridge University Press, 1992; Cambridge University Press – Digital Printing, 1999

Kenneth L. Pike. „Christianity and Culture: I. Conscience and Culture”. Journal of the American Scientific Affiliation 31 (1979): 8-12

Gerhart Piers, Milton B. Singer. Shame and Guilt: A Psychoanalytic and Cultural Study. Springfield (IL): Charles C. Thomas, 1953; New York: Norton, 1971

Paul Ricoeur. Symbolik des Bösen. Phänomenologie der Schuld II. Freiburg: Alber, 1960; 1971

Paul Ricoeur. Die Fehlbarkeit des Menschen. Phänomenologie der Schuld I. Freiburg: Alber, 1960; 1971

Julian Pitt-Rivers. The Fate of Shechem or The Politics of Sex: Essays in the Anthropology of the Mediterranean . Cambridge: Cambridge University, 1977

Patricia und Ronald Potter-Efron. Schamgefühle verstehen und überwinden. Heyne: München, 1992 (Engl. Letting Go of Shame. Minnesota (USA): Hazelden Foundation, 1989)

Ronald T. Potter-Efron. Shame, Guilt and Alcoholism: Treatment Issues in Clinical Practice. New York, London: Haworth Press, 1989

Robert J. Priest. „Cultural Anthropology, Sin and the Missionary". S. 85-105 in: D. A. Carson und John D. Woodbridge (Hg.). God and Culture: Essays in honor of Carl F. Henry. Grand Rapids (MI): Wm. B. Eerdmans, 1993

Robert J. Priest. Missionary Elenctics: Conscience and Culture. Missiology: An International Review 22 (1994) 3: 291-315

Joseph Sandler. „Zum Begriff des Überichs". S. 45-81 in: Karola Brede (Hg.). Das Überich und die Macht seiner Objekte: [50 Jahre Psyche]. Stuttgart: Verlag Internationale Psychoanalyse, 1996

Christine Schirrmacher. Kleines Lexikon der islamischen Familie. Holzgerlingen: Hänssler, 2002. Eintrag „Ehre und Schande", S. 58-67

Christine Schirrmacher. Herausforderung Islam. Holzgerlingen: Hänssler, 2002. Kapitel „Terroanschläge gegen den Ehrverlust", S. 72-86

Thomas Schirrmacher. Ethik. 7 Bände. VTR: Nürnberg & RVB: Hamburg, 2002[3]

Thomas Schirrmacher (Hg.) Die vier Schöpfungsordnungen Gottes: Kirche, Staat, Wirtschaft und Familie bei Dietrich Bonhoeffer und Martin Luther. VTR: Nürnberg, 2001

Thomas Schirrmacher, Christine Schirrmacher u. a. Harenberg Lexikon der Religionen. Harenberg Verlag: Düsseldorf, 2002

Thomas Schirrmacher. Führen in ethischer Verantwortung, Die drei Seiten jeder Entscheidung. Gießen: Brunnen, 2002

Hanna-Maria Schmalenbach. „Die Lüge als Überlebensstrategie in schamorientierten und furchtbestimmten Kulturen". Mexico Report Juni 2002: 17-23 (Kurzfassung von:)

Hanna-Maria Schmalenbach. „Die Lüge als Überlebensstrategie: Gedanken und Erfahrungen aus einer Missionsarbeit in Mexico ". Unveröffentlichte Semesterarbeit. Columbia International University Deutscher Zweig, Korntal, 2001

„Schuld/Schuldgefühle". S. 242-247 in: Lexikon der Bioethik. 3 Bde. Bd. 3. Gütersloher Verlagshaus: Gütersloh, 1998. S. 246-247

Günter H. Seidler. Der Blick der Anderen: Eine Analyse der Scham. Stuttgart: Verlag Internationale Psychoanalyse, 1995[1]; Stuttgart: Klett-Cotta, 2001[2]

Melford E. Spiro. The Children of the Kibbutz: A study in child training and personality. Cambridge (MS): Harvard University Press, 1958; Rev. Ausgabe. 1975

Gary Stansell. „Honor and Shame in the David Narratives". S. 94-114 in: Frank Crüsemann u. a. (Hg.). Was ist der Mensch ...? Beiträge zur Anthropologie des Alten Testaments. Hans-Walter Wolff zum 80. Geburtstag. München: Chr. Kaiser Verlag, 1989 (nachgedruckt als:)

Gary Stansell. „Honor and Shame in the David Narratives". Semeia 68 (1994): 55-79

Helm Stierlin. Adolf Hitler: Familienperspektiven. Suhrkamp taschenbuch 2361. Frankfurt: Suhrkamp, Neuausgabe 1995 (1975)

Deborah Stipek. „Differences between Americans and Chinese in the circumstances evoking pride, shame, and guilt". Journal of Cross-cultural Psychology 29 (1998) 5: 616-629

Denise L. Sweetnam. Kurdish Culture: A Cross-Cultural Guide. Untersuchungen zur kurdischen Sprache und Kultur 4. Bonn: VKW, 2004[2]. S. 59-114

June Price Tangney, Kurt W. Fischer (Hg.). Self-conscious Emotions: The Psychology of Shame, Guilt, Embarrassment, and Pride. New York: Guilford Press, 1995

Bruce Thomas. „The Gospel for Shame Cultures". Evangelical Missions Quarterly 30 (1994) 3: 284-290

R. L. Timpe. „Shame". S. 1074-1075 in: David G. Benner (Hg.). Baker's Encyclopedia of Psychology. Grand Rapids (MI): Baker Books, 1985

Colin M. Turnbull. Das Volk ohne Liebe: Der soziale Untergang der Ik. Rowohlt: Reinbek, 1973

Hannes Wiher. Missionsdienst in Guinea: Das Evangelium für eine schamorientierte, von Animismus und Volksislam geprägten Gesellschaft. edition afem, mission scripts 14. Bonn: Verlag für Kultur und Wissenschaft, 1998 (franz. Ausgabe:)

Hannes Wiher. L'Évangile et la Culture de Honte en Afrique Occidentale. edition iwg, mission scripts 21. Bonn: Verlag für Kultur und Wissenschaft, 2003

Hannes Wiher. Shame and Guilt: A Key to Cross-Cultural Ministry. edition iwg – mission academics 10. Bonn: Verlag für Kultur und Wissenschaft, 2003

Hannes Wiher. „Der Animismus als schamorientiertes System". S. 291-305 in: Klaus W. Müller (Hg.). Mission in fremden Kulturen: Festschrift für Lothar Käser. edition afem – edition academics 15. Nürnberg: VTR, 2004

Leon Wurmser. The Mask of Shame. Baltimore: Johns Hopkins University Press, 1981

Leon Wurmser. The Mask of Shame. Baltimore: Johns Hopkins University Press, 1981

Leon Wurmser. Die Flucht vor dem Gewissen. Heidelberg: Springer, 1987

## ANMERKUNGEN

1 Martin Lomen. Sünde und Scham im biblischen und islamischen Kontext: Ein ethno-hermeneutischer Beitrag zum christlich-islamischen Dialog. Edition afem - mission scripts 21. Nürnberg: VTR, 2003 - im folgenden kurz „Lomen".

2 Hannes Wiher. Shame and Guilt: A Key to Cross-Cultural Ministry. edition iwg - mission academics 10. Bonn: Verlag für Kultur und Wissenschaft, 2003 - im folgenden kurz „Wiher, Shame" zur Unterscheidung von der früheren Untersuchung Hannes Wiher. Missionsdienst in Guinea: Das Evangelium für eine schamorientierte, von Animismus und Volksislam geprägten Gesellschaft. edition afem, mission scripts 14. Bonn: Verlag für Kultur und Wissenschaft, 1998; französische Ausgabe: Hannes Wiher. L'Évangile et la Culture de Honte en Afrique Occidentale. edition iwg, mission scripts 21. Bonn: Verlag für Kultur und Wissenschaft, 2003.

3 Siehe die weiter unten genannten Vertreter.

4 Christine Schirrmacher. Kleines Lexikon der islamischen Familie. Holzgerlingen: Hänssler, 2002. S. 58-66 (Zitat von der Verfasserin überarbeitet).

5 Lothar Käser. Fremde Kulturen: Eine Einführung in die Ethnologie. VLM: Lahr & Verlag der Evang.-Luth. Mission: Erlangen, 1998[2]. 10. Kapitel „Kultur und Über-Ich (Gewissen)", S. 129-167, bes. 166; vgl. dazu Wiher, Shame 112-116.

6 Lothar Käser. Fremde Kulturen. a. a. O. S. 138.

7 Ebd. S. 139.

8 Ebd. S. 140.

9 Lothar Käser. Fremde Kulturen. a. a. O. S. 140.

10 Bei geringfügig anderer graphischer Darstellung zitiert aus Klaus W. Müller. „Elenktik: Gewissen im Kontext". S. 416-451 in: Hans Kasdorf, Klaus W. Müller (Hg.). Bilanz und Plan: Mission an der Schwelle zum Dritten Jahrtausend. Festschrift für George W. Peters zu seinem achtzigsten Geburtstag. Bad Liebenzell: Verlag der Liebenzeller Mission, 1988, S. 439.

11 Helm Stierlin. Adolf Hitler: Familienperspektiven. Suhrkamp taschenbuch 2361. Frankfurt: Suhrkamp, Neuausgabe 1995 (1975). S. 109.

12 Ebd. S. 109-110.

13 Ebd. S. 110-111.

14 Wiher 60-160 u. ö.; recht kurz Lomen 18-22; vgl. 38-74.

15 Bis in die 50er Jahre sprach man in der Regel recht absolut von ‚Scham-

und Schuldkultur', seitdem werden immer stärker Formulierungen verwendet, die deutlich machen, daß es Scham- und Schuldgefühle usw. überall gibt, es also eher um die Frage geht, was vorherrschend ist.

16 Vgl. den Überblick zur Forschungsgeschichte Wiher, Shame 103-132, vor allem zu den ersten Vertretern 103-105.

17 Margret Mead (Hg.). Cooperation and Competition Among Primitive Peoples, New York: McGraw-Hill Book Company, 1937; Rev. Ausg. Boston: Beacon Press, 1961. Der Hinweis auf Mead fehlt bei Lomen 18, der erst mit Ruth Benedict 1946 einsetzt; vgl. aber Wiher, Shame 103-105. In ihrer Autobiografie Margaret Mead. Brombeerblüten im Winter: Ein befreites Leben. rororo 4226. Reinbek: Rowohlt, 1989 (Nachdruck von 1978) (Engl. 1972) geht Mead leider nicht darauf ein, wie sie ihre Sicht gewann. Zu Meads Forschung allgemein vgl. Noa Vera Zanolli. „Margaret Mead (1901-1978)". S. 295-314 in: Wolfgang Marschall (Hg.). Klassiker der Kulturanthropologie: Von Montaigne bis Margaret Mead. München: C. H. Beck, 1990, sowie die S. 361-364 von ihr und über sie und S. 299-300 zum Verhältnis zu Benedict und Boas. Mead ist später heftig von Derek Freeman. Liebe ohne Aggression: Margaret Meads Legende von der Friedfertigkeit der Naturvölker. Kindler: München, 1983 kritisiert worden.

18 Ruth Benedict. The Chrysanthenum and the Sword: Patterns of Japanese Culture. Boston: Houghton and Mifflin, 1946. Vgl. zur japanischen schamorientierten Kultur später Shinobu S. Kitayama (Hg.). Emotion and culture: Empirical studies of mutual influence. Washington, DC: American Psychological Association Press, 1994; C. Norman Kraus. „The Cross of Christ - Dealing with Shame and Guilt". Japan Christian Quarterly 53 (1987): 221-227; Takie Sugiyama Lebra. „On social mechanisms of guilt and shame": The Japanese Case". Anthropolocial Quarterly 44 (1971): 241-245; (später jedoch kritischer:) Takie Sugiyama Lebra. „Shame and Guilt: A Psychocultural View of the Japanese Self". Ethos: Journal of the Society for Psychological Anthropology 2 (1983) 3: 192-209; weitere Literatur zu Japan bei: Wolfgang Blankenburg. „Zur Differenzierung von Scham und Schuld". S. 45-56 in: Rolf Kühn, Michael Raub. Michael Titze (Hg.). Scham – ein menschliches Gefühl: Kulturelle, psychologische und philosophische Perspektiven. Köln: Westdeutscher Verlag, 1997. S. 46 und 46, Anm. 6.

19 Zu Benedict als Boas-Schülerin vgl. Ruth Benedict. „Religion". S. 627-665 in: Franz Boas (Hg.). General Anthropology. War Department Educational Manual 226. Boston (USA): Heath / Madison (WI): US Armed Forces Inst., 1938; 1944; Nachdruck: New York: Johnson, 1965. Kritisch zu Benedicts Forschungen äußert sich: Ronald C. Johnson u. a. „Guilt, Shame and adjustment in three cultures". Personality and Individual Differences 8 (1987) 3: 357-364. Zu Mead als Boas-Schülerin vgl. Margaret Mead. „Apprenticeship Under Boas". S. 29-45 in: Walter Goldschmidt (Hg.). The Anthropology of Franz Boas: Essays on the Centennial of His Birth. Washington, D.C., The American Anthropological Association, 1959 Vgl. gegen Mead Forschungen später Derek Freeman. Liebe ohne Aggression: Margaret Meads Legende von der Friedfertigkeit der Natur-

völker. Kindler: München, 1983 und Walter Krämer u. a. Das neue Lexikon der populären Irrtümer. Eichborn: Frankfurt, 1998. S. 290-291. Vgl. auch allgemeiner gegen Meads Sicht, ‚primitive' Völker seien harmonisch: Robert B. Edgerton. Sick Societies: Challenging the Myth of Primitive Harmony. The Free Press: New York, 1992 und Colin M. Turnbull. Das Volk ohne Liebe: Der soziale Untergang der Ik. Rowohlt: Reinbek, 1973.

20 Vgl. von Boas vor allem. Franz Boas. Race, Language and Culture. New York: The Macmillan Comp., 1948 (gesammelte Aufsätze); Franz Boas (Hg.). General Anthropology. War Department Educational Manual 226. Boston (USA): Heath / Madison (WI): US Armed Forces Inst., 1938; 1944; Nachdruck: New York: Johnson, 1965. Vgl. über Boas die Aufsätze in Walter Goldschmidt (Hg.). The Anthropology of Franz Boas: Essays on the Centennial of His Birth. Washington, D.C., The American Anthropological Association, 1959.

21 So etwa Roland Girtler. Kulturanthropologie. dtv wissenschaft. dtv: München, 1979. S. 34-37.

22 Wolfram Eberhard. Guilt and Sin in Traditional China. Berkeley (USA): University of California Press, 1967; Deborah Stipek. „Differences between Americans and Chinese in the circumstances evoking pride, shame, and guilt". Journal of Cross-cultural Psychology 29 (1998) 5: 616-629.

23 Siehe die Aufsätze in Shinobu S. Kitayama (Hg.). Emotion and culture: Empirical studies of mutual influence. Washington, DC: American Psychological Association Press, 1994.

24 Zuk-Nae Lee. „Koreanische Kultur und Schamgefühl". S. 75-86 in: Rolf Kühn, Michael Raub. Michael Titze (Hg.). Scham – ein menschliches Gefühl: Kulturelle, psychologische und philosophische Perspektiven. Köln: Westdeutscher Verlag, 1997.

25 Ward Keeler. „Shame and Stage Fright in Java". Ethos: Journal of the Society for Psychological Anthropology 2 (1983) 3: 152-165 (jedoch mit starken Einschränkungen).

26 Denise L. Sweetnam. Kurdish Culture: A Cross-Cultural Guide. Untersuchungen zur kurdischen Sprache und Kultur 4. Bonn: VKW, 2004[2]. S. 59-114.

27 Richard Buda, Sayed M. Elsayed-Elkhouly. „Cultural Differences between Arabs and Americans: Individualism-Collectivism Revisited". Journal of Cross-Cultural Psychology 29 (1998) 3: 487-492.

28 Vgl. Martin Lomen. Sünde und Scham im biblischen und islamischen Kontext: Ein ethno-hermeneutischer Beitrag zum christlich-islamischen Dialog. Edition afem – mission scripts 21. Nürnberg: VTR, 2003. S. 86-105 und die S. 86-87 referierte Literatur; außerdem Christine Schirrmacher. Kleines Lexikon der islamischen Familie. Holzgerlingen: Hänssler,

2002. Eintrag „Ehre und Schande“, S. 58-67; dies. Herausforderung Islam. Holzgerlingen: Hänssler, 2002. Kapitel „Terroranschläge gegen den Ehrverlust“, S. 72-86; Ismael Abu-Saad. „Individualism and Islamic Work Beliefs”. Journal of Cross-Cultural Psychology 29 (1998) 2: 377-383; Richard Buda, Sayed M. Elsayed-Elkhouly. „Cultural Differences between Arabs and Americans: Individualism-Collectivism Revisited”. Journal of Cross-Cultural Psychology 29 (1998) 3: 487-492; Roland Muller. Honor and Shame: Unlocking the Door. Philadelphia (PA): Xlibris Publications, 2000. S. 79-99.

29 Hanna-Maria Schmalenbach. „Die Lüge als Überlebensstrategie in schamorientierten und furchtbestimmten Kulturen”. Mexico Report Juni 2002: 17-23 als Kurzfassung von Hanna-Maria Schmalenbach. „Die Lüge als Überlebensstrategie: Gedanken und Erfahrungen aus einer Missionsarbeit in Mexico ”. Unveröffentlichte Semesterarbeit. Columbia International University Deutscher Zweig, Korntal, 2001.

30 Vgl. Jean G. Peristiany (Hg.). Honor and shame: the values of a Mediterranean society. London: Weidenfeld and Nicolson, 1965; Chicago: University of Chicago, 1966 (= 1970; 1974); David D. Gilmore (Hg.). Honour and Shame and the Unity of the Mediterranean. AAA Special Publication 22. Washington: American Anthropological Association, 1987.

31 Eric Robertson Dodds. Die Griechen und das Irrationale. Wissenschaftliche Buchgesellschaft: Darmstadt, 1970[1]; 1976[2]; Nachdruck 1991 (Orig.: The Greeks and the Irrational, Berkeley: Univ. of California Press, 1951; 15. Druck 1984), darin bes. „Von der Schamkultur zur Schuldkultur“. S. 17-37. Ebd. S. 175, Anm. 106 verweist Dodds auf Ruth Benedict.

32 Vgl. Wiher, Shame, 38+303, dort auch Nachfolger Dodds in der Beurteilung der Antike; dazu auch später Philipp Steger. „Die Scham in der griechisch-römischen Antike“. S. 57-74 in: Rolf Kühn, Michael Raub. Michael Titze (Hg.). Scham – ein menschliches Gefühl: Kulturelle, psychologische und philosophische Perspektiven. Köln: Westdeutscher Verlag, 1997.

33 Gerhart Piers, Milton B. Singer. Shame and Guilt: A Psychoanalytic and Cultural Study. Springfield (IL): Charles C. Thomas, 1953; New York: Norton, 1971.

34 Melford E. Spiro. The Children of the Kibbutz: A study in child training and personality. Cambridge (MS): Harvard University Press, 1958; Rev. Ausgabe. 1975.

35 Jean G. Peristiany (Hg.). Honor and shame: the values of a Mediterranean society. London: Weidenfeld and Nicolson, 1965; Chicago: University of Chicago, 1966 (= 1970; 1974); vgl. den späteren eigenständigen Sammelband John George Peristiany, Julian Pitt-Rivers (Hg.). Honour and Grace in Anthropology. Cambridge: Cambridge University Press, 1992; Cambridge University Press – Digital Printing, 1999. Lomen und Wiher datieren dies ein Jahr später auf die amerikanische Ausgabe, doch die

eigentliche Tagung wurde in London veröffentlicht. Daneben ist an Sammelbänden vor allem noch David D. Gilmore (Hg.). Honour and Shame and the Unity of the Mediterranean. AAA Special Publication 22. Washington: American Anthropological Association, 1987 zu nennen.

36 Zu den wichtigsten Kritikern gehören: Ward Keeler. „Shame and Stage Fright in Java". Ethos: Journal of the Society for Psychological Anthropology 2 (1983) 3: 152-165; Takie Sugiyama Lebra. „Shame and Guilt: A Psychocultural View of the Japanese Self". Ethos: Journal of the Society for Psychological Anthropology 2 (1983) 3: 192-209; David P. Ausubel. Theory and Problems of Child Development. New York: Grune & Stratton, $1958^1$; $1970^2$; $1980^3$; David P. Ausubel, Edmund V. Sullivan. Das Kindesalter: Fakten, Probleme, Theorie. München: Juventa Verlag, 1974 (bes. S. 507); Douglas Graham. Moral Learning and Development. London: Batsdorf, 1972; Rolf Kühn, Michael Raub. Michael Titze (Hg.). Scham – ein menschliches Gefühl: Kulturelle, psychologische und philosophische Perspektiven. Köln: Westdeutscher Verlag, 1997; Wolfgang Blankenburg. „Zur Differenzierung von Scham und Schuld". S. 45-56 in: Rolf Kühn, Michael Raub. Michael Titze (Hg.). Scham – ein menschliches Gefühl: Kulturelle, psychologische und philosophische Perspektiven. Köln: Westdeutscher Verlag, 1997; Ronald T. Potter-Efron. Shame, Guilt and Alcoholism: Treatment Issues in Clinical Practice. New York, London: Haworth Press, 1989; Patricia und Ronald Potter-Efron. Schamgefühle verstehen und überwinden. Heyne: München, 1992 (Engl. Letting Go of Shame. Minnesota (USA): Hazelden Foundation, 1989).

37 Till Bastian, Micha Hilgers. „Scham als Teil des Minderwertigkeitsgefühls – und die fehlende Theorie der Affekte". Internationale Zeitschrift für Individualpsychologie 16 (1991): 102-110 kritisierten allerdings, daß auch nach 90 Jahren der Psychoanalyse „eine Theorie der Affekte" fehle und schloßen sich Leon Wurmser. Die Flucht vor dem Gewissen. Heidelberg: Springer, 1987. S. 15 an, der schrieb: „Den Affekten muß eine ganz besondere und eigenständige Rolle zuerkannt werden". Schuld an dieser stiefmütterlichen Behandlung sei Freud selbst, der Scham kaum anspreche und dann nur negativ [Till Bastian, Micha Hilgers. „Kain – Die Trennung von Scham und Schuld" am Beispiel der Genesis". Psyche 44 (1990): 1100-1112, hier S. 1106]. Um dem Vorwurf der Unwissenschaftlichkeit zu entgehen, entwickelte er scheinbar naturwissenschaftliche Modelle des Trieblebens, ließ aber schwer erfaßbare Gefühle wie die Scham außen vor (Till Bastian, Micha Hilgers. „Scham als Teil des Minderwertigkeitsgefühls". a. a. O. S. 102-103).

38 Vgl. zu Freud als Ausgangspunkt der Diskussion um Scham und Schuld z. B. Freud: Ulrich Mack. Die Bedeutung der Scham in der Seelsorge: Scham – die Nachseite der Liebe. Dissertation – Theologie: Bonn, 2002. S. 50-51; Sighard Neckel. Status und Scham: Zur symbolischen Reproduktion sozialer Ungleichheit. Theorie und Gesellschaft 21. Frankfurt: Campus, 1991. S. 46-49. Vgl. grundsätzlich zu Freuds Sicht der Schuldgefühle und der Schamgefühle Joseph Sandler. „Zum Begriff des Überichs". S. 45-81 in: Karola Brede (Hg.). Das Überich und die Macht seiner

Objekte: [50 Jahre Psyche]. Stuttgart: Verlag Internationale Psychoanalyse, 1996; Melvin R. Lansky, Andrew P. Morrison. „The Legacy of Freud's Writings on Shame." S. 3-40 in: Melvin R. Lansky, Andrew P. Morrison (Hg.). The Widening Scope of Shame. Hillsdale (NJ): The Analytic Press, 1997.

39 Vgl. R. L. Timpe. „Shame". S. 1074-1075 in: David G. Benner (Hg.). Baker's Encyclopedia of Psychology. Grand Rapids (MI): Baker Books, 1985.

40 Sighard Neckel. Status und Scham. a. a. O. S. 42-44; vgl. insgesamt S. 41-58.

41 Vgl. zur Bedeutung Freuds für Kulturanthropologie Mario Erdheim. „Sigmund Freud (1856-1939)". S. 137-150 in: Wolfgang Marschall (Hg.). Klassiker der Kulturanthropologie: Von Montaigne bis Margaret Mead. München: C. H. Beck, 1990.

42 Vgl. zur Forschungsgeschichte Wiher, Shame 60-102 und „Schuld/Schuldgefühle". S. 242-247 in: Lexikon der Bioethik. 3 Bde. Bd. 3. Gütersloher Verlagshaus: Gütersloh, 1998. S. 246-247.

43 Franz Alexander. Fundamentals of Psychoanalysis. New York: Norton, 1948[1]; 1963[2].

44 David P. Ausubel. „Relationships between Shame and Guilt in the Socializing Process." Psychological Review 62 (1955): 378-390.

45 Siehe David P. Ausubel. Theory and Problems of Child Development. New York: Grune & Stratton, 1958[1]; 1970[2]; 1980[3]; David P. Ausubel, Edmund V. Sullivan. Das Kindesalter: Fakten, Probleme, Theorie. München: Juventa Verlag, 1974.

46 Gerhart Piers, Milton B. Singer. Shame and Guilt: A Psychoanalytic and Cultural Study. Springfield (IL): Charles C. Thomas, 1953; New York: Norton, 1971.

47 Helen Merell Lynd. On Shame and the Search of Identity. London: Routledge and Kegan Paul, 1958; New York: Science Editions, 1961.

48 Helen B. Lewis. Shame and guilt in neurosis. New York: International Universities Press, 1971.

49 Gershen Kaufman. The Psychology of Shame: Theory and Treatment of Shame-Based Syndromes. New York: Springer, 1989: vgl. Gershen Kaufman. Shame: The Power of Caring. Cambridge, MA: Schenckman. 1980[1]; 1992[2]; Gershen Kaufman, L. Rapahel. „Shame: A Perspective on Jewish Identity." Journal of Psychology and Judaism 11 (1987): 30-40 und über Kaufman Wiher, Shame 73-75; Micha Hilgers. Scham: Geschichte eines Affekts. Göttingen: Vandenhoeck & Ruprecht, 1996[1]; 1997[2]; Mario Jacoby. Scham–Angst und Selbstwertgefühl: Ihre Bedeutung in der Psychotherapie. Walter-Verlag: Olten (CH)/Freiburg, 1991; Francis J. Broucek. Shame and the Self. New York: The Guilford Press,

1991; Donald L. Nathanson (Hg.). The many faces of shame. New York: Guilford Press, 1987; Donald L. Nathanson. Shame and Pride: Affect, Sex, and the Birth of the Self. New York: Norton, 1992; Günter H. Seidler. Der Blick der Anderen: Eine Analyse der Scham. Stuttgart: Verlag Internationale Psychoanalyse, 1995[1]; Stuttgart: Klett-Cotta, 2001[2]; Leon Wurmser. Die Flucht vor dem Gewissen. Heidelberg: Springer, 1987; Leon Wurmser. The Mask of Shame. Baltimore: Johns Hopkins University Press, 1981; Leon Wurmser. Die Maske der Scham. Heidelberg: Springer, 1990[1]; 1993[2]; 1998[3]; Charles Mariauzouls. Psychophysiologie von Scham und Erröten. München: Dissertation, 1996 .

50 June Price Tangney, Kurt W. Fischer (Hg.). Self-conscious Emotions: The Psychology of Shame, Guilt, Embarrassment, and Pride. New York: Guilford Press, 1995: Vgl. auch die Beiträge führender Psychologen in dem Sammelband verschiedener Disziplinen: Rolf Kühn, Michael Raub. Michael Titze (Hg.). Scham – ein menschliches Gefühl: Kulturelle, psychologische und philosophische Perspektiven. Köln: Westdeutscher Verlag, 1997.

51 Z. B. Leon Wurmser. Die Maske der Scham. a. a. O. und Günter H. Seidler. Der Blick der Anderen. a. a. O. 2001[2]. bes. S. 114-125, sowie deren umfangreiche Literaturlisten in den neuesten Auflagen.

52 S. Bruce Narramore. No Condemnation: Rethinking Guilt Motivation in Counseling, Preaching, and Parenting. Grand Rapids (MI): Zondervan, 1984, ganz, bes. S. 26-33 unter Verweis u. a. auf Helen B. Lewis. Shame and Guilt in Neurosis. New York: International Universities Press, 1971.

53 Bruce J. Nicholls. „The Role of Shame and Guilt in a Theology of Cross-Cultural Mission". Evangelical Review of Theology 25 (2001) 3: 231-241.

54 Till Bastian, Micha Hilgers. „Scham als Teil des Minderwertigkeitsgefühl – und die fehlende Theorie der Affekte". Internationale Zeitschrift für Individualpsychologie 16 (1991): 102-110, bes. S. 108-109; Till Bastian, Micha Hilgers. „Kain – Die Trennung von Scham und Schuld" am Beispiel der Genesis". Psyche 44 (1990): 1100-1112, bes. S. 1107-1108.

55 Ebd. S. 1108.

56 Michael Lewis. Scham: Annäherung an ein Tabu. Yyy: Kabel, yyy.

57 Vgl. den Überblick bei Ulrich Mack. Die Bedeutung der Scham in der Seelsorge: Scham – die Nachseite der Liebe. Dissertation – Theologie: Bonn, 2002. S. 12-20+27-34.

58 Georg Simmel. „Zur Psychologie der Scham" (Original 1910). S. 14-150 in: ders. Schriften zur Soziologie: Eine Auswahl. Hg. Von Heinz-Jürgen Dahme und Klaus Christian Köhnke. Frankfurt: Suhrkamp, 1992.

59 Z. B. Norbert Elias. Über den Prozess der Zivilisation. Bd. 1. Frankfurt: Suhrkamp, 1981; Bd. 2., 1982; Hans Peter Duerr. Nacktheit und Scham: Der Mythos vom Zivilisationsprozess. Bd. 1. Suhrkamp: Frankfurt,

1988[1]; 1988[2]; Hans Peter Duerr. Nacktheit und Scham. Bd. 2. Suhrkamp: Frankfurt, 1990.

60 Sighard Neckel. Status und Scham: Zur symbolischen Reproduktion sozialer Ungleichheit. Theorie und Gesellschaft 21. Frankfurt: Campus, 1991.

61 Vgl. zur Forschungsgeschichte Wiher, Shame 132-160. Viele der von Lomen und Wiher genannten früheren Autoren haben sich allerdings nur grundsätzlich mit der Elenktik beschäftigt, nicht aber mit der Frage nach Scham- und Schuldorientierung und ihrer theologischen Einordnung.

62 David J. Hesselgrave, David J. Communicating Christ Cross-Culturally: An Introduction to Missionary Communication. Grand Rapids (MI): Zondervan, 1978[1]. S. 428-429+442.

63 Klaus W. Müller. „Elenktik: Die Lehre vom scham- und schuldorientierten Gewissen“. Evangelikale Missiologie 12 (1996): 98-110; Klaus W. Müller. „Elenktik: Gewissen im Kontext“. S. 416-451 in: Hans Kasdorf, Klaus W. Müller (Hg.). Bilanz und Plan: Mission an der Schwelle zum Dritten Jahrtausend. Festschrift für George W. Peters zu seinem achtzigsten Geburtstag. Bad Liebenzell: Verlag der Liebenzeller Mission, 1988; Klaus W. Müller. „Gewissen: Wertezerfall in Gesellschaft und Gemeinde“. Dennoch 2/2002: 44-47; Klaus W. Müller. „Entwicklung und Funktionsablauf des schuldorientierten Gewissens“. S. 264-290 in: Klaus W. Müller (Hg.). Mission in fremden Kulturen: Festschrift für Lothar Käser. edition afem – edition academics 15. Nürnberg: VTR, 2004.

64 Robert J. Priest. „Cultural Anthropology, Sin and the Missionary”. S. 85-105 in: D. A. Carson und John D. Woodbridge (Hg.). God and Culture: Essays in honor of Carl F. Henry. Grand Rapids (MI): Wm. B. Eerdmans, 1993; Robert J. Priest. Missionary Elenctics: Conscience and Culture. Missiology: An International Review 22 (1994) 3: 291-315.

65 Martin A. Klopfenstein. Scham und Schande nach dem Alten Testament: Eine begriffsgeschichtliche Untersuchung zu den hebräischen Wurzeln bôs, klm und hpr. Theologischer Verlag: Zürich, 1972. Zu seinen Hauptergebnissen siehe weiter unten.

66 Julian Pitt-Rivers. The Fate of Shechem or The Politics of Sex: Essays in the Anthropology of the Mediterranean . Cambridge: Cambridge University, 1977.

67 Z. B. Gary Stansell. „Honor and Shame in the David Narratives”. S. 94-114 in: Frank Crüsemann u. a. (Hg.). Was ist der Mensch ...? Beiträge zur Anthropologie des Alten Testaments. Hans-Walter Wolff zum 80. Geburtstag. München: Chr. Kaiser Verlag, 1989 [nachgedruckt in Semeia 68 (1994): 55-79]; Timothy S. Laniak. Shame and Honor in the Book of Esther. SBL Dissertation Series 165. Atlanta (GE): Scholars Press, 1998; J. Cheryl Exum, Stephen D. Moore. Biblical studies, cultural studies: The third Sheffield Colloquium. Sheffield: Sheffield Academic Press,

1998; Ferdinand Deist. The Material Culture of the Bible: An Introduction. Sheffield: Sheffield Academic Press, 2000.

68 Gary Stansell. „Honor and Shame in the David Narratives". a. a. O.

69 Jedenfalls wurde diese Scham nicht dadurch ausgelöst, daß die Vorfälle bekannt wurden, sondern durch den Bruch des jüdischen Gesetzes durch das Königshaus an sich; vgl. ebd. S. 111-114.

70 Vor allem Bruce J. Manila. The New Testament World: Insights from Cultural Anthropology. Atlanta: John Knox, 1981; Bruce J. Manila. Christian Origins and Cultural Anthropology: Practical Models for Biblical Interpretation. Atlanta: John Knox, 1986; Jerome H. Neyrey (Hg.). The World of Luke-Acts: A Handbook of Social Science Models for Biblical Interpretation. Peabody (MA): Hendrickson, 1991 (= 1993).

71 David Arthur DeSilva. Despising Shame: Honor Discourse and Community Maintenance in the Epistle to the Hebrews. SBL Dissertation Series 152. Atlanta: Scholars Press., 1995; David Arthur DeSilva. Bearing Christ's reproach: the challenge of Hebrews in an honor culture. North Richland Hills (TX): Bibal Press,1999; David Arthur DeSilva. The Hope of Glory: Honor Discourse and New Testament Interpretation. Collegevill (USA): Liturgical Press, 2000; Barth L. Campbell. Honor, Shame, and the Rhetoric of 1 Peter. SBL Dissertation Series 160. Atlanta: Scholars Press, 1998.

72 David Arthur DeSilva. The Hope of Glory: Honor Discourse and New Testament Interpretation. Collegevill (USA): Liturgical Press, 2000. S. 89-93.

73 Lowell L. Noble. Naked and Not Ashamed: An Anthropological, Biblical, and Psychological Study of Shame. Jackson (MI): Jackson Pr., 1975.

74 C. Norman Kraus. Jesus Christ Our Lord: Christology from a Disciple's Perspective. Rev. ed. Scottdale: Herald Press, 1987[1]; 1990[2].

75 Ebd. S. 203-228 [bes. 207]; 181.

76 Ebd. S. 225; dagegen auch Wiher, Shame, 153.

77 Ulrich Mack. Die Bedeutung der Scham in der Seelsorge: Scham – die Nachseite der Liebe. Dissertation – Theologie: Bonn, 2002.

78 Vor allem ebd. S. 183-193 seine Ratschläge in Bezug auf die Scham für das seelsorgerliche Gespräch aus der Sicht des Seelsorgers und aus der Sicht des Gemeindegliedes. Vgl. auch Christa Meves. Plädoyer für das Schamgefühl. Weißes Kreuz: Vellmar-Kassel, 1985.

79 Z. B. David J. Hesselgrave. „Missionary Elenctics and Guilt and Shame". Missiology: An International Review 11 (1983) 4: 461-483, S. 480-483.

80 Klaus W. Müller. „Elenktik: Die Lehre vom scham- und schuldorientierten Gewissen". a. a. O. S. 109.

81 C. Norman Kraus. Jesus Christ Our Lord: Christology from a Disciple's

Perspective. Rev. ed. Scottdale: Herald Press, 1987[1]; 1990[2]. S. 203-228 [bes. 207]; 181; vgl. Wiher, Shame 149-153.

82 Laurel Arthur Burton. „Original Sin or Original Shame". Quarterly Review 8 (1988) 4: 31-41; Lowell L. Noble. Naked and Not Ashamed: An Anthropological, Biblical, and Psychological Study of Shame. Jackson (MI): Jackson Pr., 1975 ; Neil F. Pembroke. „Toward a Shame-Based Theology of Evangelism". Journal of Psychology and Christianity 17 (1998) 1: 15-24; Roland Muller. Honor and Shame: Unlocking the Door. Philadelphia (PA): Xlibris Publications, 2000.

83 Ebd. S. 18.

84 Ebd. S. 23.

85 Ebd. S. 27; ähnlich C. Norman Kraus. Jesus Christ Our Lord. a. a. O. S. 207-208.

86 Roland Muller. Honor and Shame. a. a. O. S. 30.

87 Abschnittsüberschrift ebd. S. 35-40.

88 Ebd. S. 38-39.

89 Ebd. S. 39.

90 C. Norman Kraus. Jesus Christ Our Lord. a. a. O. S. 225; dagegen Wiher, Shame, 153.

91 Vgl. Thomas Schirrmacher. Ethik. 7 Bde. Hamburg: RVB & Nürnberg: VTR, 2002[3].

92 Laurel Arthur Burton. „Original Sin or Original Shame". Quarterly Review 8 (1988) 4: 31-41; gefunden bei Lomen 82.

93 Vgl. auch Bruce Thomas. „The Gospel for Shame Cultures". Evangelical Missions Quarterly 30 (1994) 3: 284-290.

94 Unter Berufung auf Robert J. Priest. Missionary Elenctics: Conscience and Culture. Missiology: An International Review 22 (1994) 3: 291-315, S. 309.

95 Vgl. zur Polygamie Thomas Schirrmacher. Ethik. 7 Bde. Hamburg: RVB & Nürnberg: VTR, 2002[3]. Bd. 4. S. 771-817 und 585-636.

96 Vgl. ebd. Bd. 6. S. 117-119.

97 Philipp Steger. „Die Scham in der griechisch-römischen Antike". S. 57-74 in: Rolf Kühn, Michael Raub. Michael Titze (Hg.). Scham – ein menschliches Gefühl: Kulturelle, psychologische und philosophische Perspektiven. Köln: Westdeutscher Verlag, 1997. S. 70.

98 Martin A. Klopfenstein. Scham und Schande nach dem Alten Testament: Eine begriffsgeschichtliche Untersuchung zu den hebräischen Wurzeln

bôs, klm und hpr. Theologischer Verlag: Zürich, 1972. S. 208; ähnlich S. 33, 36, 86, 121, 137, 160.

[99] Ebd. S. 33.

[100] Ebd. S. 86, 106, 158, 160.

[101] Zwei sehr gute Ratgeber zum Thema Schamgefühle und Schuldgefühle sind Ronald T. Potter-Efron. Shame, Guilt and Alcoholism: Treatment Issues in Clinical Practice. New York, London: Haworth Press, 1989; Patricia und Ronald Potter-Efron. Schamgefühle verstehen und überwinden. Heyne: München, 1992 (Engl. Letting Go of Shame. Minnesota (USA): Hazelden Foundation, 1989). Zum Thema Schuld ist als Ratgeber sehr zu empfehlen: S. Bruce Narramore. No Condemnation: Rethinking Guilt Motivation in Counseling, Preaching, and Parenting. Grand Rapids (MI): Zondervan, 1984; John G. McKenzie. Guilt: Its Meaning and Significance. New York, Nashville: Abingdon Press, 1962.

[102] Vgl. ähnliche Überlegungen zum Sündenfall bei säkularen Psychoanalytikern, z. B. Mario Jacoby. Scham–Angst und Selbstwertgefühl: Ihre Bedeutung in der Psychotherapie. Walter-Verlag: Olten (CH)/Freiburg, 1991. S. 39-45.

[103] Vgl. ähnlich auch Martin A. Klopfenstein. Scham und Schande nach dem Alten Testament. a. a. O. S. 31-33 zu 1Mose 2,25.

[104] Vgl. ausführlich Thomas Schirrmacher. Führen in ethischer Verantwortung: Die drei Seiten jeder Entscheidung'. Gießen: Brunnen Verlag, 2002 und ders. Ethik. 7 Bde. Hamburg: RVB & Nürnberg: VTR, 2002[2]. Bd. 3.

[105] Jerome Kagan. Die Natur des Kindes. München: Piper, 1987[1]; 1987[2]; Weinheim: Beltz, 2001[3].

[106] Vgl. Thomas Schirrmacher. Ethik. a. a. O. Bd. 2. S. 514-552.

[107] Vgl. Thomas Schirrmacher. Darf ein Christ schwören? Hamburg: RVB, 2001.

[108] Ebd. Bd. 3. S. 112-140.

[109] Wilfried Härle. Dogmatik. Berlin: Walter de Gruyter, 1995[1]. S. 459; inzwischen liegt 2002[2] (fast seitengleich) vor.

[110] Lomens Kommentar (S. 110) dazu lautet: „Aus Härles Beschreibung ist ersichtlich, dass es sich bei der alttestamentlichen Gesellschaft um eine scham- und gruppenorientierte Gesellschaft handelte. Dafür sprechen folgende drei Überlegungen.
Erstens kann aus Härles Bezeichnung der Sünde als 'gemeinschaftswidriges Verhalten' aufgrund dessen, was unter '*Ethik in der scham- und gruppenorientierten Gesellschaft*' (3.1.5) dargelegt, gefolgert werden, dass es sich bei der alttestamentlichen Gesellschaft um eine gruppenorientierte Gesellschaft gehandelt haben muss.

Zweitens weist die Feststellung, dass Sünde im Alten Testament vorrangig ein 'Gemeinschaftsverhältnis (...) verletzt,' darauf hin, dass die Israeliten ihr Fehlverhalten überwiegend auf der Beziehungsebene und nicht auf der Sachebene lokalisiert haben ...
Drittens fällt auf, dass Härle mit Piers und Singer (1971) im Einklang steht, wenn er 'Übertretung einer Norm oder eines Gesetzes' und 'Schuldhaftigkeit' in Zusammenhang miteinander sieht (vgl. 2.3.). Das Entscheidende dabei ist jedoch seine Feststellung, dass beide nicht im Vordergrund des alttestamentlichen Sündenverständnises standen. Damit liefert seine Untersuchung ein weiteres Indiz dafür, dass es sich bei der alttestamentlichen Gesellschaft primär um eine schamorientierte Gesellschaft gehandelt hat.

111 Vgl. ausführlicher die vielen Belegstellen in Thomas Schirrmacher. Ethik. a. a. O.Bd. 1. Lektion 6.

112 Wilfried Härle. Dogmatik. a. a. O. 2002[2]. S. 456-492.

113 Bes. ebd. S. 474.

114 Ebd. S. 471-473+489-492.

115 Auch der Sündenbegriff bei Ulrich Mack. Die Bedeutung der Scham in der Seelsorge. a. a. O. S. 143-155 ist rein psychologisch, nicht exegetisch oder systematisch-theologisch bestimmt.

116 1. Buch, 1. Kap., Abschnitte 1-3 in: Johannes Calvin. Unterricht in der christlichen Religion: Institutio Christianae Religionis. Neukirchener Verlag: Neukirchen, 1988[5]. S. 1-6.

117 Francis Schaeffer. Und er schweigt nicht. R. Brockhaus: Wuppertal, 1991[Tb] (1975[1]). S. 17.

118 Ebd. S. 24.

119 Rousas John Rushdoony. The One and the Many: Studies in the Philosophy of Order and Ultimacy. Thoburn Press: Fairfax (VI), 1978[2] (Nachdruck von 1971[1]). S. 1-20.

120 Ebd. S. 10-11.

121 Wesley A. Roberts. „Cornelius Van Til". S. 71-86 in: David F. Wells (Hg.). Dutch Reformed Theology. Reformed Theology in America. Baker Book House: Grand Rapids (MI), 1989. S. 76.

122 Zur Begriffsgeschichte von ‚Egoismus' seit der Übertragung des Begiffes durch Immanuel Kant auf die Ethik vgl. Heinz-Horst Schrey. „Egoismus". S. 304-308 in: Gerhard Müller (Hg.). Theologische Realenzyklopädie. Bd. 9. de Gruyter: Berlin, 1993/1982 (Studienausgabe). Dort heißt es treffend S. 306: „Daß der Egoismus als Ichzentriertheit des Menschen ein Merkmal der Moderne ist, kann als allgemein anerkanntes Axiom der neueren Kultursoziologie und -psychologie gelten."

123 Wilhelm Lütgert. Ethik der Liebe. Beiträge zur Förderung christlicher Theologie. Reihe 2, Bd. 29. C. Bertelsmann: Gütersloh, 1938. S. 17.

124 Hermann Cremer. Arbeit und Eigentum in christlicher Sicht. Brunnen Verlag: Gießen, 1984. S. 11.

125 John Stott. Christsein in den Brennpunkten unserer Zeit. Bd. 3. Francke: Marburg, 1988. S. 38-42.

126 George Gilder. Reichtum und Armut. dtv: München, 1983. S. 19.

127 Anders Nygren. Eros und Agape: Gestaltwandlungen der christlichen Liebe. C. Bertelsmann: Gütersloh, 1954[2] (ursprünglich in 2 Bd. ebd. 1930[1], 1937[1]).

128 So bes. J. P. Danaher. „Love in Plato and the New Testament“. European Journal of Theology 7 (1998) 2: 119-126.

129 Anders Nygren. Eros und Agape. a. a. o. S. 147.

130 Jay Adams. Ich liebe mich: Selbstverwirklichung aus biblischer Sicht. Schulte + Gerth: Asslar, 1987.

131 Wolfgang Bühne. Sich selbst lieben? EGfD: Wuppertal, 1986; vgl. auch den Beitrag in dessen Zeitschrift Gerrit Albers. „Selbstachtung – Die neue Reformation?“. Fest und Treu (CLV) Nr. 91 – 3/2000: 16-20 sowie Dave Hunt u. a. Die Verführung der Christenheit. CLV: Bielfeld, 1987. S. 199.

132 Walter Trobisch. Liebe dich selbst: Selbstannahme und Schwermut. R. Brockhaus: Wuppertal, 1975[1], 1993[21].

133 James Dobson. Minderwertigkeitsgefühle – eine Epidemie. Edition Trobisch: Kehl am Rhein, 1993.

134 So bes. Jay Adams. Ich liebe mich. a. a. O. S. 72, der für letzteres eintritt..

135 Siehe Jay Adams. Ich liebe mich: Selbstverwirklichung aus biblischer Sicht. a. a. O. S. 23-27 u. ö., ähnlich Gerrit Albers. „Selbstachtung – Die neue Reformation?“. a. a. O.

136 Jay Adams. Ich liebe mich: Selbstverwirklichung aus biblischer Sicht. a. a. O. S. 74.

137 So bes. Jay Adams. Ich liebe mich: Selbstverwirklichung aus biblischer Sicht. a. a. O. S. 110.

138 Vgl. dazu ausführlicher Thomas Schirrmacher. Christenverfolgung geht uns alle an: Auf dem Weg zu einer Theologie des Martyriums. Idea-Dokumentation 15/99. Idea: Wetzlar, 1999.

139 Vgl. Thomas Schirrmacher. Ethik. a. a. O. Bd. 5. S. 139-145 und allgemein S. 127-180; ders. „'Gib mir, dann zahl ich dir!': Bestechung und

Korruption aus biblischer Sicht". Neues Leben 40 (1995) 7/8 (Juli/Aug): 18-19 = Querschnitte 14 (2001) 5 (Mai): 1-4; ders. „Bestechung und Korruption". Nachfolge (Stiftung Weltweite Kirche Gottes, Bonn) 4/1999: 30-31; ders. „Bestechung und Korruption". Ethos 12/1996: 48-49; Markus Flückiger. Geschenk und Bestechung: Korruption im afrikanischen Kontext. Edition afem – mission scripts 16. Bonn: Verlag für Kultur und Wissenschaft, 2000.

140 Siehe meine Beiträge in der letzten Anmerkung.

141 Ulrich Eibach. Menschenwürde an den Grenzen des Lebens: Einführung in Fragen der Bioethik aus christlicher Sicht. Neukirchener Verlagshaus: Neukirchen, 2000; Ulrich Eibach. Sterbehilfe – Tötung aus Mitleid: Euthanasie und ‚lebensunwertes' Leben. R. Brockhaus: Wuppertal, 1998; Eibach; Ulrich Eibach. „Vorgeburtliche Diagnostik und Leidbewältigung? Wieviel genetische Diagnostik können wir verantworten?" Evangelium und Wissenschaft Nr. 33 (Apr 1988): 4-19.

142 Eine Darstellung anderer Auffassungen und eine Diskussion der einzelnen Argumente findet sich in Thomas Schirrmacher. Der Römerbrief. 2 Bde. Hamburg: RVB & Nürnberg: VTR, 2001[2]. Bd. 1. S. 125-134.

143 Vgl. zum deutschen Begriff 'Gewissen' Friso Melzer. Das Wort in den Wörtern: Die deutsche Sprache im Lichte der Christus-Nachfolge: Ein theophilologisches Wörterbuch. J. C. B. Mohr: Tübingen, 1965. S. 163-166.

144 Zur Geschichte des Begriffes 'Gewissen' in Europa vgl. Johannes Stelzenberger. Syneidesis, conscientia, Gewissen: Studie zum Bedeutungswandel eines moraltheologischen Begriffes. Abhandlungen zur Moraltheologie. Schöningh: Paderborn, 1961 (ausgezeichnete Geschichte des Gewissensbegriffes in Theologie und Philosophie vom Neuen Testament bis zum 20. Jahrhundert); sowie: Johannes Stelzenberger. Syneidesis im Neuen Testament. Abhandlungen zur Moraltheologie. Schöningh: Paderborn, 1961. Der katholische Moraltheologe skizziert zunächst die Auffassungen zum Gewissen im Neuen Testament von Augustinus über Luther bis zur Gegenwart. Dann weist er nach, daß der neutestamentliche Begriff eine völlig andere Bedeutung hat, als in der Antike. Im Alten Testament sieht er das Gewissen im hebräischen Wort für 'Herz' eingebunden, äußert sich dagegen nicht zum Begriff 'Niere' (vgl. die Literatur zum Gewissen ebd. S. 8-9).

145 Vgl. zur Diskussion um das Gewissen: Siegfried Kettling. Das Gewissen. Brockhaus: Wuppertal, 1985. Kettling stellt zunächst klassische Deutungsmodelle des Gewissens nebeneinander (Nietzsche, Spencer/ Durkheim, Freud, Seneca/Kant; vgl. die gute Tabelle ebd. S. 67). In den anderen Kapiteln werden biblisch-reformatorische Grundlinien aufgezeigt und fünf Arten des Gewissens als seelsorgerliche Aspekte behandelt. Im Stil bleibt Kettling oft auf der philosophischen Ebene. Vgl. auch Jürgen Blühdorn (Hg.). Das Gewissen in der Diskussion. Wege der Forschung XXXVII. Wissenschaftliche Buchgesellschaft: Darmstadt, 1976 (Samm-

lung der wichtigsten wissenschaftlichen Aufsätze zum Gewissen; vgl. die Literatur ebd. S. 489-505).

146 Aus griech. 'anti' = gegen; 'nomos' = Gesetz; also eine gegen die Gültigkeit des Gesetzes gerichtete Lehre.

147 Vgl. zum antinomistischen Streit zu Luthers Zeiten Bernhard Lohse. „Dogma und Bekenntnis in der Reformation: Von Luther bis zum Konkordienbuch". S. 1-164: in: Bernhard u. a. (Hg.). Die Lehrentwicklung im Rahmen der Konfessionalität. Handbuch der Dogmen- und Kirchengeschichte 2. Vandenhoeck & Ruprecht: Göttingen, 1989 (Nachdruck von 1980). S. 39-45 (mit Literatur); zum antinomistischen Streit nach Luther ebd. S. 117-121.

148 Helmut Weber. Allgemeine Moraltheologie: Ruf und Antwort: Styria: Graz, 1991. S. 199. (Weber stellt ebd. S. 171-215 die Sicht führender Psychologen, Theologen usw. und die römisch-katholische Sicht dar.)

149 Ebd. S. 199.

150 Ebd. S. 199-200.

151 Vgl. zum Gewissensverständnis des Pietismus Chr. Ernst Luthardt. Geschichte der christlichen Ethik. Bd. 1: Bis zur Reformation. Dörffling & Franke: Leipzig, 1888. S. 310-313 u. ö.

152 Wilhelm Lütgert. Schöpfung und Offenbarung. Brunnen: Giessen, 1984[2] (Nachdruck von Bertelsmann: Gütersloh, 1934[1]).

153 Ebd. S. 278.

154 Ebd. S. 37.

155 Ebd. S. 285.

156 Ebd. S. 103.

157 Rousas J. Rushdoony. Institutes of Biblical Law. Presbyterian & Reformed: Phillipsburgh, 1973. S. 651+654.

158 Chr. Ernst Luthardt. Kompendium der theologischen Ethik. Dörffling & Franke: Leipzig, 1921. S. 113.

159 Emil Brunner. Das Gebot und die Ordnungen. Zwingli Verlag: Zürich, 1939[4]. S. 140.

160 Zitiert nach Cajus Fabricius (Hg.). Corpus Confessionum: Die Bekenntnisse der Christenheit. Bd. 18: Presbyterianismus. Walter de Gruyter, 1937. S. 129-130.

161 C. H. Spurgeons Spuren: Anekdoten - Karikaturen. OnckenMiniBücher. Oncken Verlag: Wuppertal, 1990. S. 64.

162 Vgl. zum Gewissen im Neuen Testament Hans-Joachim Eckstein. Der Begriff Syneidesis bei Paulus. Wissenschaftliche Untersuchungen zum Neuen Testament 2/10. J.C.B. Mohr: Tübingen, 1983. Eckstein kommt zu dem Ergebnis: 'Syneidesis' ist eine Instanz, die das Verhältnis zwischen vorgegebenen Normen und tatsächlichem Verhalten überprüft. Es ist in seiner Funktion bei Heiden und Christen identisch, lediglich die Wertmaßstäbe unterscheiden sich und sollen bei Christen der Neugeburt des Denkens entsprechen (vgl. etwa zu Röm 9,1 ebd. S. 190). Bedauerlich ist, daß das restliche Neue Testament auf nur 10 Seiten abgehandelt wird, zumal darunter auch die angeblichen Deuteropaulinen (angeblich irrtümlich Paulus zugeschriebene Paulusbriefe) fallen, in denen sich sechs wichtige paulinische Belege finden. Das Alte Testament wird dagegen gebührend berücksichtigt, besonders die 'Nieren' (S. 110-111 u. a., siehe dazu unten), aber ebenfalls an bibelkritischen Theorien gemessen.

163 Vgl. zur Rolle des Denkens in der Bibel Thomas Schirrmacher. Ethik. 2 Bde. Hänssler: Neuhausen, 1994. Bd. 1. S. 769-800.

164 Weitere Informationen zur Beziehung zwischen Körperteilen und Funktionen des Menschen finden sich in dem guten, wenn auch zum Teil bibelkritischen Buch: Hans W. Wolff. Anthropologie des Alten Testamentes. Kaiser: München, 1977[2].

165 So Hendrik van Oyen. Ethik des Alten Testaments. Gütersloher Verlagshaus Gerd Mohn: Gütersloh, 1967. S. 62-63.

166 Johannes Chrysostomus, 'Homilien zu Genesis' 17, zitiert nach Alfons Heilmann (Hg.). Texte der Kirchenväter. 5 Bde. Bd. 1. Kösel: München, 1963. S. 320.

167 So auch Hans W. Wolff. Anthropologie des Alten Testaments. a. a. O. S. 105-106.

168 In der Revidierten Elberfelder Übersetzung Ps 7,10.

# Martin Bucer Seminar

Berlin • Bonn • Hamburg • Pforzheim

Innsbruck • Istanbul • Prag • Zlin • Zürich

Das Martin Bucer Seminar bietet theologische Ausbildungen mit amerikanischen und anderen Abschlüssen (Bibelschule: Bachelor-Niveau, Theologiestudium: Master of Theology-Niveau, Promotion) für Berufstätige und Vollzeitliche an. Der Stoff wird durch Samstagsseminare, Abendkurse, Fernkurse und Selbststudium sowie Praktika vermittelt. Leistungen anderer Ausbildungsstätten können in vielen Fällen anerkannt werden.

Die Arbeit des Seminars wird wesentlich durch Spenden finanziert. Durch eine Spende an den Trägerverein »Institut für Weltmission und Gemeindebau« e.V. können Sie die Arbeit unterstützen:

**Spendenkonto**

IWG. e.V., K.-Nr. 613 161 804, BLZ 700 100 80
Verwendungszweck: Seminar

**Studienzentren im Ausland:**

Studienzentrum Innsbruck: innsbruck@bucer.de
Studienzentrum Istanbul: istanbul@bucer.de
Studienzentrum Prag: prag@bucer.de
Studienzentrum Zlin: zlin@bucer.de
Studienzentrum Zürich: zuerich@bucer.de

**Studienzentrum Berlin**
Martin Bucer Seminar
Breite Str. 39B
13187 Berlin
Fax: 0 30 - 4 22 35 73
E-Mail: berlin@bucer.de

**Studienzentrum Bonn**
Martin Bucer Seminar
Friedrichstr. 38
53111 Bonn
Fax 02 28 - 9 65 03 89
E-Mail: bonn@bucer.de

**Studienzentrum Hamburg**
Martin Bucer Seminar
Doerriesweg 7
22525 Hamburg
Fax 0 40 - 5 47 05-2 99
E-Mail: hamburg@bucer.de

**Studienzentrum Pforzheim**
Martin Bucer Seminar
Bleichstrasse 59
75173 Pforzheim
Fax 0 72 31 - 28 47 38
E-Mail: pforzheim@bucer.de

**Website:** www.bucer.de
**E-Mail:** info@bucer.de

**Weitere idea-Dokumentationen sind erhältlich bei:**

idea e.V. Postfach 1820, 35528 Wetzlar,
Tel.: 06441/915-122, Fax: 06441/915-148,
E-Mail: vertrieb@idea.de, Internet: www.idea.de